너의 모든 것이
빛나는 순간

너의 모든 것이 빛나는 순간

초판 1쇄 발행 2024년 9월 27일

지은이 정문숙
펴낸이 장길수
펴낸곳 지식과감성#
출판등록 제2012-000081호

교정 주경민
디자인 정윤솔
편집 오정은
검수 김지원, 이현
마케팅 김윤길, 정은혜

주소 서울시 금천구 벚꽃로298 대륭포스트타워6차 1212호
전화 070-4651-3730~4
팩스 070-4325-7006
이메일 ksbookup@naver.com
홈페이지 www.knsbookup.com

ISBN 979-11-392-2135-0(03810)
값 15,000원

• 이 책의 판권은 지은이에게 있습니다.
• 이 책 내용의 전부 또는 일부를 재사용하려면 반드시 지은이의 서면 동의를 받아야 합니다.
• 잘못된 책은 구입하신 곳에서 바꾸어 드립니다.

본 사업은 2024년 부산광역시, 부산문화재단 〈부산문화예술지원사업〉으로 지원을 받았습니다.

너의 모든 것이
빛나는 순간

정문숙 지음

지은이 정문숙

2018년 동아대학교 일반대학원 문예창작학과 졸업

2017년 동아대학교 지식나눔교실 글쓰기 강사
2018년 한국출판문화산업진흥원 우수 인문활동가
2018년 동아대학교 코어사업단 주니어 인문스쿨 강사
2019년 부산 동구청 인문학 강사
2021년 부산문화재단, 부산동구문화원 〈이야기가 있는 동구 역사 탐방〉
　　　　글쓰기동아리 강사
2022년 동구문화원, 〈동구의 역사 탐방〉 시 창작교실 강사
2023년 사상문화원, 〈삶을 가꾸는 생활글쓰기 교실〉 운영
2023년~온요양병원 근무, 〈시 그리는 수요일〉 운영
2022년~사상문화원 편집장

2015년 주변인과 문학 신인상 은상 수상, 〈천사가 머무는 시간〉
　　　　생명문학공모전 차상 수상, 〈봄, 이부탐춘을 다시 읽다〉
　　　　모래톱문학상 우수상 수상, 〈까치발을 내려놓고〉
　　　　근로자문학제 동상 수상, 〈숫돌〉
2016년 근로자 문학제 은상 수상, 〈청어의 꿈〉
　　　　문향 여성문학제 장려상 수상, 〈사랑니〉
2017년 직장인 신춘문예 당선, 〈까치발〉
　　　　제3회 주변인과 문학 신인상 대상 수상, 〈나무 한 그루〉
　　　　가족사랑 수기 공모전 수상, 〈며느리 가면〉
2020년 독도문예대전 특선 수상, 〈질경이의 꿈〉

『500파운드와 자기만의 방』, 산지니, 2017. 12. 산문집
『삶, 꽃을 보듯 별을 보듯』, 전망, 2018. 12. 엮음
『오후 네 시, 시간은 거꾸로 흐른다』, 전망, 2019. 11. 편저
『내 안의 사각지대』, 전망, 2020. 10. 산문집

2017년 부산문화재단 창작지원금 신징
2019년 부산문화재단 창작지원금 선정
2020년 부신진구칭 칭직지원금 선정
2024년 부산문화재단 창작지원금 선정
2024년 아르코 발표지원 선정
　　　　〈너의 모든 것이 빛나는 순간, 골목길 블루스, 은행이 익어 갈 때〉
2024년 제16회 복숭아 문학상 우수상, 〈웜홀Wormhole〉

목차

1부
너의 모든 것이 빛나는 순간

너의 모든 것이 빛나는 순간 • 12

골목길 블루스 • 18

웜홀Wormhole • 24

그곳에 집이 있었을까 • 31

우리는 누군가에게 풍경이 된다 • 37

남바람꽃을 읽다 • 44

나만의 도서관 • 49

한낮의 로큰롤 • 54

2부
내 마음이 보이나요?

내 마음이 보이나요? • *62*

꽃밥 만드는 시간 • *68*

온전한 사랑 • *74*

참을 수 없는 존재의 가려움 • *80*

내가 거들게 • *86*

구르미 그리메 • *93*

휘파람 • *99*

표현하면 뭐 어때, 나니깐 괜찮아 • *104*

3부
길을 잃어도 괜찮아

길을 잃어도 괜찮아 • *112*

버킷리스트 • *119*

그녀를 부탁해 • *126*

숫돌 • *131*

사과꽃 향기 • *138*

모티를 돌면 길이 나온다 • *145*

바깥의 시간 • *152*

전지적 고양이 시점 • *158*

꽃길 따라서 • *164*

4부
은행이 익어 갈 때

은행이 익어 갈 때 • *172*
능수화 붉게 타는 창 너머 • *178*
엄마, 미안해 • *184*
양심의 가책 • *190*
내가 떠나갈 때 • *195*
깍두기는 살아 있다 • *202*
사랑하는 사람이 미워지는 밤에는 • *207*
뱃고동 소리 • *214*
인생은 뮤지컬 • *220*
자기 살피기 • *227*

1부

너의 모든 것이 빛나는 순간

너의 모든 것이
빛나는 순간

 화구를 꺼낸다. 베란다로 나가 이젤 위에 캔버스를 올리고 앞치마를 두른다. 인화한 사진 몇 장을 펼친다. 사진 속 태종대 자갈마당에는 황금빛 윤슬이 반짝인다. 사진을 넘긴다. 저녁 무렵 크고 작은 선박이 감빛 물결 위에 떠 있다. 흰여울마을에서 본 은빛 찬란한 바다와 증산공원에서 바라본 부산항, 베란다에는 푸른 바다가 들어와 앉는다.

 배 한 척이 파도에 떠밀려 와 모래사장에 내팽개쳐 있는 그림이 눈에 들어온다. 낡고 작은 배 위에 노는 아무렇게나 던져져 있다. 뱃머리에는 '반드시 밀물 때가 오리라, 그날 나는 바다로 나아가리라', 글귀가 적혀 있다. 철강왕 앤드류 카네기가 세일즈맨이던 젊은 시절 자신의 처지와 같은 배와 글을 보며 힘을 내었다는 그림이다. 그녀에게 응원의 메시지를 담아 그림을 선물할 참이다.

 사진 속 바다에는 그녀와 함께 보낸 날들이 정박해 있다. 녹록하지 않은 현실에 부대낌을 삭이지 못할 때면 우리는 바다로 향했다. 차 한 잔 앞에 두고 이야기 나누다 해변을 걸었다. 사진 몇 컷을 남기고 돌아올 때는 부대낌은 가라앉고 알 수 없는 기대로 가슴께가 뻐근했다.

 팔레트 위에 물감을 짜 놓으니 안성맞춤 작업실이 꾸며진다. 검정 물감을 찾아 팔레트 위에 얹는다. 큰 붓을 들어 물감을 곱게 치대어 캔버스 가득 메운다. 세상은 온통 어둠이다. 초벌 물감이 마르기를 기다린다. 검은빛 화폭은 어둠 속에 잠기고 하늘과 바다, 길과 집도 잠들었다. 별 하나 뜨지 않는 세상은 온통 먹빛이다.

그녀와 연락이 끊어진 지난 몇 년, 마음의 출구를 찾지 못한 나의 하늘도 짙은 회색빛이었다. 문득 안부가 궁금할 때 보낸 메신저에도 그녀는 묵묵부답이었다. 그렇게 몇 해를 보낸 후 가끔 바뀌던 SNS 속 사진과 글귀도 요지부동이던 그녀가 먼저 만나자고 연락했다. 이해의 폭이 넓어진 탓일까, 그간 서운했던 감정보다 그녀가 먼저 손을 내밀어 주니 내심 반가웠다.

눈가에 잡힌 주름과 이전보다 살포시 부푼 몸매, 탄력을 잃은 피부가 먼저 눈에 들어온다. 코트 자락을 여미고 양손으로 머리칼을 쓸어 넘기는 유리창에 비친 그녀와 그녀를 바라보는 나의 모습, 둘 사이 체념과 포용의 시간을 보낸 흔적이 엿보인다. 공유하지 못한 하얀 공백은 대화 곳곳에서 배어 나왔으나 시간이 흐르며 어제 헤어지고 오늘 만나는 것처럼 점점 또렷해진다. 안정된 표정에서 그간의 안녕을 짐작하고 안도한다.

그녀가 깃들어 사는 세상은 깊은 바다처럼 고요하고 짙푸르렀다. 온화한 표정과 단정한 몸짓은 누구에게나 호감을 불러일으켰다. 주변에는 늘 사람들이 끊이지 않았고 직장에서도 인정받았던 그녀의 짙푸른 우울은 해결되지 않는 자신과의 갈등이었다. 함께 사는 이와의 갈등도 한몫했을 거다.

식사를 마치고 카페에 들렀다. 여러 화가의 그림을 걸어 놓고 팔기도 하는 갤러리 겸 카페였다. 커피와 유화물감, 다른 질감의 향이 한데 어우러졌다. 커피가 나오기를 기다리며 그림을 둘러보았다. 꽃 그림이 있는 한쪽 벽, 바다가 그려진 맞은편 벽면, 메탈릭 파우더를 섞은 유화, 무명작가들의 작품에서 실험적이고 풋풋한 감성이 묻어났다.

바다 저 멀리 떠 있는 배가 빛의 각도에 따라 흔들리는 그림 앞에 우리는 한동안 서 있다. 그림 앞에서 그녀는 시를 읊듯 나지막이 읊조린다. "늙지 않는 건 배움에 대한 마음뿐이구나. 길가의 창창하던 풀도 시들 땐 제 빛깔을 잃고 꽃도 피었다 질 때는 제 색을 잃는다. 사람도 늙으면 곱던 살빛 변하니 늙는 건 사람만이 아니지."

세상을 바꾸려는 그녀의 의지는 늘 자신을 깨어 있게 담금질했다. 공부할수록 배움에 대한 열망은 깊어 가나 배움에 좋을 때란 건강이 보장될 때라는 말을 남기며 쓸쓸히 웃는다. 나 역시 건강이 나빠지고부터 책상에 오래 앉아 있기 힘들다며 넋두리한다. 글에 집중하는 시간도 짧아 틈틈이 일어나 스트레칭을 해야 다시 글을 쓸 수 있으니 우리는 이미 꽤 나이 들어 버렸음을 인정하자, 서로 위로한다.

코발트블루 색상을 검정 바탕 위에 덧칠한다. 정교한 붓질을 따라 시간은 촘촘히 흐르고 퇴적된 시간만큼 묵직한 침묵이 베란다를 가득 메운다. 색을 한 겹 덧입은 세상은 한층 깊이를 더한다. 시련과 상처로 점철된 그녀의 삶은 푸른색을 덧씌운 캔버스 위에서 청명하고 고요하다.

줄곧 꿈을 좇는 삶을 살았던 그녀다. 하나의 목표를 향해 두꺼운 책장을 넘기듯 무감각하게 하루치의 달력을 찢는다고 말했던 그녀의 삶이 푸른 화폭 위에 겹친다. 세상 참 한결같다던 넋두리, 세상을 바꾸기 위해 죽어라 달려온 것 같으나 현실은 제자리걸음이라 한탄하면서도 나아가기를 멈추지 않았다.

물감이 꾸덕꾸덕해질 때를 기다리며 커피를 내린다. 몸과 마음이 청춘의 빛으로 분기탱천할 때, 우리는 흰 깃발에 청사진을 그려 기운차게 나아갔다. 서로 다른 꿈을 꾸며 뜨겁게 타올랐다. 순풍에 돛 단 듯 풀리다 자만으로 허방을 디딜 때도, 뜻과 달라 깊은 절망에 눈을 감았던 시간도 치열했기에 소중한 기억으로 남아 있다. 어둠 속 빛을 따라 새 역사를 만들며 눈부신 미래를 열어 가던 개척자였다, 우리는.

카페를 나와 집으로 돌아오는 차 안에서 지금 그녀는 화살을 뒤로 당기는 시점에 서 있다며 엷은 미소를 지었다. 화살은 뒤로 당겼을 때만 앞으로 나아가지 않는가. 모든 것을 뒤로 미루고 호흡을 가다듬으며 온몸의 근육과 골격이 정중동의 긴장과 이완을 통해 과녁을 향해 시공時空을 한순간에 모아 단련하는 궁수처럼 더 큰 도약을 위해 도움닫기 하는 시간을 보내고 있을 거라 믿는다.

커피 잔을 내려놓고 붓을 든다. 어둠 깊숙이 빛의 발자국을 찍는다. 동트기 전 어둠은 더 깊고 어둠이 깊을수록 빛은 더욱 찬란하지 않은가. 황금빛 메탈릭 파우더를 노란 물감과 섞는다. 가는 붓을 들어 캔버스 구석진 곳을 찾아 메운다. 황금빛 파우더를 손가락으로 집어 빛이 반사되는 방향으로 흩뿌린다. 불규칙한 빛의 산란散亂, 어느 해 함께 보았던 아침 바다와 닮았다.

뱃머리에 그녀를 위한 응원의 글귀를 적는다. 물결이 지나는 굴곡을 따라 금빛 햇살이 넘실거린다. 검은 바탕을 켜켜이 쌓은 후에야 완성된 깊이를 알 수 없는 바다가 출렁인다. 푸르고 창창한 바다는 상처를 딛고 빚어낸 삶의 빛깔이다. 점점이 띠를 이루다 물살을 사로잡는 금빛 윤슬은 삶의 고뇌와 환희가 교차하는 시간의 퇴적이다. 세상의 모든 것들이 빛나는 순간이다.

그녀와 나는 다르지 않다. 그녀는 내 안에 있는 나였고 나는 그녀 안에 있는 다른 이름이다. 오늘도 우리는 하루치의 물감을 골라 캔버스 위에 풀어 놓는다. 세상 어느 것 하나 허투루 이루어지는 것이 없듯 켜켜이 쌓여 가는 시간의 틈 사이 생겨난 실패와 그로 인한 상처는 성장의 디딤돌이라는 단단한 이름을 지녔다.

붓을 들어 오늘을 기록한다. 그림이 마르면 그녀를 만나러 가야겠다. 너의 모든 것들이 빛나는 순감임을 잊지 말기를, 내 안의 말들이 전해지도록 그녀를 꼭 안아 주리라.

# 골목길
블루스

저녁 모임이 있어 퇴근 후 잠시 걷기로 한다. 신축 아파트가 즐비한 거리를 지나 건널목에 다다른다. 신호가 바뀌고 메디컬 센터가 있는 번화가를 지난다. 여러 갈래 길로 뻗은 골목길이 나온다.

거리를 지나다 비밀스러운 이야기라도 숨겨 놓은 것 같은 골목길을 만날 때면 나도 모르게 발걸음을 옮긴다. 오래된 세탁소와 낡은 간판의 슈퍼마켓, 양화점, 유흥주점, 칠 방수, 빛바랜 이발소 간판, 하늘을 찌를 듯 솟아 있는 아파트 단지 옆에 개발되지 않은 주택가 골목이다.

키 낮은 집들이 옹기종기 모여 있다. 이곳에만 시간이 더디 흐르는 것 같은 착각마저 들 정도로 낡고 오래된 집들이 산다. 넝쿨 식물이 벽을 타고 올라 창을 뒤덮을 기세로 번져도 돌보지 않은 티가 역력한 부암동 철길마을이다.

길모퉁이를 돌아서니 추억의 고물상이 오랜 터줏대감인 듯 자리를 지키고 있다. 사라지다시피 한 고물상을 도심 주택가에서 만나니 이색적인 풍경에 반가움이 앞선다. 족히 팔십은 되어 보이는 어르신이 폐지를 정리하고 있다. 그 옆 낡은 라디오에서 느렸다가 빠르기를 반복하는 가벼운 비트의 블루스 리듬이 흘러나온다.

좁다란 골목길 위로 하늘을 가로지르는 굴다리가 걸터앉았다. 다리 아래 양쪽 벽에는 근대 산업화의 과정을 전시한 거리 벽화가 길 따라 이어진다. 오래전 보았던 기억 속 풍경이 타일로 꾸며져 있다. 몇 번의 보수를 거쳐 겨우 지탱하고 서 있는 집과 상처 딱지처럼 떨어지는 굵고 거친 껍질의 플라타너스 가로수, 무수한 사람들의 발자국에 닳고 닳아 반질거리는 돌계단, 세월의 더께가 한눈에 들어온다. 수십 년 거슬러 올라간 듯 낙후된 거리다.

 부산을 대표하던 동명목재, 대동벽지, 다디단 맛으로 유년 시절을 유혹했던 백설표 설탕, 락희화학, 경남모직, 서면 로터리, 서면 극장가, 진양화학 왕자표 고무신, 한국 경제를 반석 위에 올려놓은 경제의 주역들이 나란히 서 있다. 중학교 때 교복과 함께 신었던 군청색 운동화도 왕자표였지 싶다. 방사형으로 뻗은 골목길과 알록달록한 옷을 입은 외벽을 둘러보며 생각에 젖는다. 오래전 이 거리에 살던 이들을 떠올리며 한가로운 오후 느긋한 걸음을 옮긴다.

 낮에는 공장에서 일하고 밤에 공부하며 학업을 마쳤던 단발머리 여학생들 사진이 인상적이다. 수업을 마치고 종종걸음으로 집으로 향하다 별이 총총한 하늘을 올려다보며 하루를 살아 냈다는 뿌듯함에 가슴 벅찼을 게다. 일찍감치 맛본 삶의 매운맛에 남모르게 눈시울 붉혔던 날도 부지기수였을 거다. 이곳을 거쳐 간 이들의 아릿한 숨결이 느껴져 한동안 멈춰 서 있다.

 벽의 한 면에 별이 가득 채워진 벽화가 눈길을 끈다. 하야리아 부대의 상징이다. 이곳에는 하야리아 부대 부근에서 생업을 이어 가던 이들이 주로 살았다. 막내 고모가 살던 곳도 이쯤이다. 하야리아 부대 옆 난전에서 과일을 팔다 작은 가게를 얻어 장사하며 돌아가실 때까지 살던 곳이다. 방학이 되면 쌀과 말린 채소 등 먹거리를 챙겨 아버지와 함께 고모 집에 와서 며칠 머물다 가곤 했다.

초등학교 4학년쯤 되었을 때였다. 부산에 온 나는 아버지를 따라 집에 가지 않고 보름 정도 고모 집에서 보냈다. 새벽마다 고모를 따라 시장으로 가서 그날 팔 물건을 떼 왔다. 5일마다 서는 시골 장터와는 비교되지 않을 만큼 크고 시끌벅적한 볼거리에 눈이 휘둥그레졌다. 하루는 고모의 심부름으로 혼자서 시장에 갔다. 시장 구경하고 놀다 오라는 말에 신이 나서 시장 골목과 시내 구경에 정신이 팔렸다.

구경을 마치고 집으로 갈 때는 골목에 어둠이 내려앉기 시작했다. 집을 나설 때 집 옆에 있던 신발공장의 굴뚝 연기를 보고 찾아올 수 있을 거라는 요량이었다. 하지만 마음이 조급하니 자신감은 온데간데없이 사라졌다.

아무리 걸어도 집으로 가는 길은 나오지 않았다. 골목과 골목이 이어져 길 따라 걸으면 작은 길이 나오고 그 길을 따라가면 막다른 골목이었다. 멀리서 보이는 탑처럼 솟은 굴뚝은 서너 개가 서 있어 고모 집이 어디쯤인지 분간할 수 없었다. 또 다른 길로 접어들면 굴뚝은 사라지고, 미로 같은 골목길을 돌아 나오기를 수차례 반복하다 겨우 빠져나왔다.

빠져나온 좁다란 골목길에서 하늘을 올려다봤을 때, 손바닥만 한 하늘이 고개를 빼꼼 내밀고 있었다. 지붕과 지붕 사이로 비집고 나온 검푸른 하늘과 하늘가에 빨간 까치밥 몇 개 매달고 뻗어 있는 감나무를 본 순간 와락 울음이 쏟아졌다. 온몸은 땀에 젖었고 눈물 콧물 쏟은 얼굴에 땟국물이 줄줄 흘러내리는 줄도 몰랐다. 손에 꽉 움켜쥔 봉지에 무엇이 들어 있었는지는 기억에 없다.

집으로 가는 길을 찾아 헤매던 산골 소녀는 어른이 되었고 이곳에 터 잡은 지 수십 년째다. 아직도 쭉쭉 뻗은 고층아파트가 즐비한 번화가의 뒤편에는 미로 같은 길가에 성냥갑 집들이 촘촘히 어깨를 기대며 산다. 인생의 뒷면을 아는 나이가 되어서인지 언제부턴가 골목길이 있는 이 거리에 서면 마음이 편안해진다.

아이들이 사춘기를 보낼 무렵 직장이 가까운 전포동 산동네로 이사했다. 학교 마치는 아이를 기다렸다가 손을 잡고 좁은 골목길을 걷노라면 서로의 어깨가 부딪치는 소리마저 정다웠다. 앞서거니 뒤서거니 걸으며 그날의 얘기를 나누다 좁다란 길을 빠져나왔다. 야트막한 오르막과 내리막이 연이은 그 시절 산동네에는 지금은 아파트 단지가 들어서 옛 모습은 찾아 볼 수 없다. 기억 속 그 시간은 동화 속 풍경처럼 남아 있다.

오래된 길가 오래된 집에는 지붕과 담벼락에도 돌담 아래 나무와 풀에도 지나온 시간이 잠들어 있다. 키 낮은 벽돌담 판잣집 화단에는 키가 큰 장미 넝쿨이 담장을 훌쩍 넘어서고 하얀 접시꽃이 고개를 뻗어 하늘을 본다. 연보랏빛 수국도 바깥을 향해 부풀어 오른 꽃송이를 터트린다. 좁다란 골목길을 걸을 때면 아이들과 함께 걸었던 작고 소중한 추억들이 되살아난다.

골목이 끝나는 곳이다. 담 너머 마냥의 빨랫줄에 널어놓은 꽃무늬

블라우스와 빨간 체크무늬 바지가 바람에 휘날린다. '나 여기 살고 있노라', 세차게 깃발을 흔드는 것 같다. 지난날 누군가 고단한 하루를 풀어놓았고, 오늘을 헤쳐 나가고, 앞으로 꿈을 키울 거라는 확신에 찬 깃발이다.

 길이 끝나는 자리에서 다시 길은 시작되고 오늘도 너와 나의 이야기를 따라 골목길을 걷는다. 오래된 벽에 그려진 낙서와 시간을 가늠할 수 없는 낡은 간판, 단단한 골목의 역사를 듣는다. 느린 듯 끊어지지 않고 끊어질 듯 이어지는 나만의 이야기지만 우리 모두의 이야기, 세상보다 천천히 울려 퍼지는 우리들의 골목길 블루스다.

웜홀
Wormhole

   산이나 명소를 찾아다닌 지 몇 달째다. 아이들은 머지않아 결혼할 테고 가정을 돌보느라 부모와 같이 보내는 휴일이 많지 않을 거다. 힘든 순간 가볍게 털고 일어날 수 있는 원동력은 가족의 사랑이고 사랑받은 기억들이다. 아이들이 훗날 떠올릴 따뜻한 추억을 남기고 싶어 시간이 날 때마다 여행을 떠난다. 지난주에는 예천에 있는 아들을 만나고 왔다.
   다행히 아이들도 같은 생각이어서 선뜻 따라나선다. 아이들이 초등학교에 다닐 때는 하루가 멀다 하고 산과 들로 떠났다. 중학생이 되고 사춘기를 지나는 동안 크고 작은 갈등의 고비마다 아이들은 어린 시절 가족이 함께 보냈던 시간을 떠올리며 빠져나올 수 있었다고 한다. 따뜻한 기억은 마음의 상처를 치유하는 묘약임이 틀림없다.
   아이들이 직장에 취업하고 자리 잡느라 한동안 함께하지 못했던 갈증이 있어 그런지 여행은 신이 났다. 의령 일대를 돌아보고 거제와 마산의 작은 바닷가 마을, 언양 일대와 경주를 지나 안동과 예천, 울산, 회동수원지의 산책, 부산의 맛집을 다니며 추억을 쌓고 있다. 집 가까운 곳에서 칼국수 한 그릇 앞에 두고 얘기 나누다 보면 서로 바빠 소원하여 쌓이던 앙금은 눈 녹듯 사라진다.
   회동수원지의 황톳길을 맨발로 걸었던 기억이 좋아 딸에게 제안했다. 흔쾌히 따라나섰다. 늘 다니던 도로는 정체되어 예상보다 시간이 걸렸다. 하는 수 없이 최단거리를 검색하여 산성터널로 접어들었다. 터널을 지난다. 금정산을 관통하는 산성터널이다.

화명동에서 장전동을 5분 만에 통과하는 왕복 4차로 터널이다. 터널 길이만 4.875km, 부산에서 가장 긴 터널이란다. 서부산과 동부산을 잇는 대동맥이 뚫렸다. 만성 정체 구간이던 만덕터널의 교통량이 분산되어 모두 반색을 표한다. 게다가 윤산터널의 개통으로 번영로 회동교차로까지 이어져 북구에서 철마까지 20분이면 갈 수 있다.

터널이 생기기 전에는 이고 지고 금정산을 넘어 다녔다. 한 시대가 지나며 구불구불한 산길 따라 산성 버스가 다닌다. 이제는 산에 터널을 내어 몇 날 며칠 걸어가던 길이 5분이면 도착하는 지름길이 되었다. 터널을 통과할 때마다 다른 시대로 거슬러 올라가는 타임머신이라도 탄 듯 가슴이 뛴다.

봉긋하게 솟은 산을 앞뒤로 구멍을 내는 터널은 마치 동그란 과일에 벌레가 구멍을 내는 웜홀을 연상케 한다. 공상 과학 소설이나 영화에서 다른 세계로 이동하는 것을 웜홀Wormhole이라 한다. 서로 다른 두 공간을 잇는 가상의 통로라는 개념이다. 벌레가 사과에 파 놓은 구멍을 통과하면 더 빠르게 반대편으로 갈 수 있다는 비유에서 나온 용어이다.

확장하면 지구의 반대편일 수 있고 또 우주의 반대편이나 현실과 가상의 시공간 이동을 말함이다. 크고 작은 구멍을 통과하면 다른 세상과 연결되어 있다는 상상력이야말로 여러 방면에서 사고의 확장을 불러일으킨다. 벌레가 사과를 파먹어 들어가는 구멍이 과학의 발전을 가져온 것이라 하니 사람의 상상력에 한계가 없음이다.

어린 시절 고향의 "황금"이라는 들에 커다란 하천이 있다. 오부면 골짜기에서 흐르는 물이 압수 마을로 흘러들어 송정 마을과 신연 마을을 지나 경호강과 합류한다. 사철 물이 넘쳐흘렀고 비가 많은 여름에는 물놀이하기 좋은 장소였다. 친구들과 아침밥 먹고 집을 나와 오전 내내 물속에서 놀았다. 점심때가 되면 밭둑에 올라가 목화솜이 익기 전의 말랑한 열매를 따 먹었다. 다시 물에서 놀다가 해가 지면 집으로 갔다.

그곳에는 큰 돌들이 많았다. 물이 불어나면 바위 틈새 커다란 구멍이 생겼는데 한 친구가 그 구멍으로 들어가면 일본으로 갈 수 있다고 했다. 친구의 삼촌이 그곳으로 들어가 일본을 다녀왔다는 그럴싸한 증거까지 내밀었다. 삼촌이 지어낸 말이었지만 아직도 나는 그 아이의 말이 종종 생각난다. 그와 비슷한 장소를 보면 어디로든 빨려 들어가서 다른 세상을 만날 것 같은 상상의 나래를 편다.

웜홀의 발견은 시공간의 이동이 가능하다는 상상에서 시작된다. 즉 현실적으로 타임머신을 만들 수 있을 거라 기대한다. 하지만 현대 과학자들은 이론적으로 웜홀은 매우 작은 크기에서만 존재할 수 있으며 시간 여행이 가능할 정도로 확대되지는 않을 거라 말한다.

요즘 무시로 과거의 따스한 추억으로 들어간다. 마치 현재에서 과거로 웜홀을 통과하듯 과거의 시간에 머문다. 병동에서 나누는 환자들이 자녀들과 나누는 대화를 우연히 들을 때다. 들리는 대화로 전부를 알 수는 없으나 어르신과 자녀들의 서사가 짐작된다. 애틋하고 살갑게 부모를 챙기는 자녀는 평소에 부모와 함께 보낸 추억이 많은 듯 보이고 숙제하듯 스치듯 왔다가는 자녀는 그들 나름의 이유가 있을 것이다.

갑자기 시한부 3개월의 선고를 받고 손 쓸 도리 없이 떠나보낸 아버지와의 마지막 시간을 떠올린다. 그때 나는 실적이 곧 월급봉투라 낮에는 손에서 일을 놓지 못했다. 저녁이면 아이들 챙기느라 자주 찾아뵙지 못했던 일이 후회로 밀려온다. 그때로 다시 돌아간다면 열 일 제쳐 놓고 아버지와 함께 시간을 보낼 거다.

머지않아 나도 그때의 아버지 나이가 된다. 마지막 시간을 맞는 날이 가까워진다 생각하니 아이들과 함께 많은 시간을 보내고 싶다. 아이들이 나와 같은 후회를 하지 않으면 좋겠다. 함께 즐거웠노라, 단란한 한때를 추억할 웜홀을 파고 싶었다. 포근한 시간에 들어 심신을 회복하고 다시 힘을 낼 수 있는 시간 말이다.

요양병원에 근무하다 보니 자연스럽게 보고 듣고 느끼는 것이 노년의 삶이다. 입원한 환자들의 나이를 보면 내가 기운차게 일하고 놀 수 있는 날은 넉넉하게 잡아도 십여 년 안팎이다. 그나마 갑작스러운 사고나 질병이 없을 때다. 예기치 않은 일이라도 생긴다면 그 시간은 앞당겨진다.

아버지를 떠올리면 큰아버지들이 생각난다. 같은 마을에 사는 큰집으로 놀러 가는 일은 늘 즐거웠다. 한복을 곱게 차려입고 마루에 앉아 계시던 첫째 큰아버지, 딸이 없이 조카딸들을 더욱 귀애하시던

둘째 큰아버지, 과수원을 하던 셋째 큰아버지, 모두 아버지와 다를 바 없이 우리에게 사랑을 주셨다.

그중에서도 셋째 큰아버지와의 추억이 많다. 과수원에는 여러 종류의 유실수가 있었다. 수확할 때는 일손이 모자라 아이들의 손이라도 빌려야 했다. 나는 정미소의 기계 소리가 울리는 우리 집보다 사계절 꽃이 피고 과일이 많은 큰집에서 자주 놀았다. 동생들을 데리고 큰집으로 가서 벌레 먹은 과일을 골라냈다. 크고 좋은 복숭아는 골라서 상품으로 팔았다.

일을 마친 후 큰어머니는 상처 난 복숭아를 양동이에 담아 주셨다. 벌레가 먹거나 거뭇한 상처가 있는 복숭아는 더 달고 맛있었다. 과육을 파고든 벌레의 몸부림에 생긴 상처가 숙성되어 다디단 과육을 만든 건지. 달기 때문에 벌레가 꼬였는지. 상처 많은 과일이 더 맛있고 상처 많은 삶이 더 성숙해진다는 말은 사실이었다.

일하다가 잠시 볕이 드는 밭둑에서 동화책을 읽었다. 책을 읽는 조카의 모습이 기특했던지 큰아버지는 크고 잘 익은 복숭아를 따 주셨다. 멀쩡한 과일은 큰아버지도 가족들도 아까워 먹지 못하던 거다. 큰아버지의 사랑이 담긴 복숭아를 개울물에 씻어 먹고 또 책을 읽었다.

오늘도 나는 남편과 아이들과 함께 웜홀을 만들고 있다. 함께 가던 바닷가. 마주 보고 나누던 이야기, 커피 볶는 냄새, 한 끼의 식사, 맨발로 걷던 황톳길의 흙냄새, 끊임없이 이어지는 웃음소리, 침묵의 틈을 비집고 드는 새소리, 바람 소리, 아이들이 힘이 들 때나 치유가 필요할 때 언제나 시간을 관통하여 달려갈 추억이다.

복숭아를 먹을 때는 언제나 그 시절 기억 속으로 달려간다. 아이들도 지치고 힘들 때 웜홀을 통과해 추억 속으로 달려와 한시름 내려놓고 치유할 수 있으면 좋겠다. 오늘도 우리는 크고 단단한 웜홀을 만들고 있다.

그곳에
집이 있었을까

　비 갠 봄날의 하늘은 높고 푸르다. 낙동강 줄기 따라 길게 누운 평일의 삼락생태공원은 한가롭다. 물 반 흙 반 부드럽게 질퍽거리는 길 따라 발걸음을 옮긴다. 따사로운 햇살이 조요하게 번지던 하늘가, 어디쯤에서 날갯짓하는 새들 소리 요란하다.

　몇 번 행사에 참여하느라 주말에 와 본 적이 있다. 넘치는 사람들과 왁자한 소리로 생동감 가득한 곳이었다. 봄이 솜씨 부려 빚어 놓은 이곳은 누구의 발길도 누구의 체험에서도 기꺼이 벗어나 있는 듯하다. 오늘의 주인공은 사람이 아니라 아주 오래전부터 이곳에 깃들어 사는 생물들이다. 태초의 갯벌에 처음 발을 들여놓듯, 신비로운 기운이 에워싸니 가슴이 떨려 옴은 어쩔 수 없다.

　낙동강 강변에 깃들어 사는 작은 것들로 가득 찬 곳, 예부터 고집스럽게 자신의 자리를 지키는 곳, 습지다. 하루의 발걸음으로 전부를 알 수는 없으나 보이는 것 몇 가지라도 눈에 넣어 가고자 길을 나선 참이다. 여리고 가냘픈 물풀의 흔들림과 끊어질 듯 이어지는 새 떼의 숨결을 함께 호흡하고 느끼기 위함이기도 하다. 너무 가까이 있어 무심했고 늘 스치듯 보고 지나쳤기에 만질 수 없었던 것들을 제대로 한번 느껴 보자 싶다.

　습지는 일 년 중 일정 기간 이상 물에 잠겨 있거나 젖어 있는 땅으로 자연 생태계에서 큰 역할을 한다. 물풀과 미생물, 젖은 흙 등은 정수기의 필터처럼 오염된 물을 깨끗하게 걸러 주는 자연 배수 처리 시설이다. 해양 생물의 60%가 습지에 알을 낳거나 서식하므로 습지는 해양식물의 집이기도 하다. 폭우에는 물을 저장하는 댐 역할을 하여 홍수를 예방한다.

 벚꽃 제방 둑과 야생화단지를 지나 연꽃단지에 다다른다. 하얀 꽃잎을 모은 연꽃들의 수런거림이 들리는 듯하다. 밤새 닫아 두었던 꽃잎을 서서히 펼치는 광경에 일상의 고단함으로 지친 내 마음도 스르르 열린다. 꽃의 마음은 곧 사람의 마음, 작은 빗줄기에도 상처받기 쉬운 가냘픔이나 쉬이 꺾이지 않는 강인한 가냘픔이다. 지난밤 폭우도 굳건히 받아 낸 말간 얼굴을 드러내고 있다. 우리는 조심스레 연못 주변을 돌며 사진을 찍고 물속의 생물을 관찰한다.

 가방에서 꺼낸 소쿠리가 물속 깊이 자맥질한다. 첫 물질에 잠자리 유충이 딸려 온다. 애벌레의 한살이를 공부하기에 최적의 장소이다. 두 번의 자맥질에는 물방개 소금쟁이도 따라 나온다. 연이어 개구리밥과 자잘한 물풀들도 슬며시 고개를 내민다. 어린 시절 친구들과 함께 냇가 강가를 뛰어놀며 보았던 작고 소중한 것들이 마구마구 쏟아진다. 흔하디흔한 뻘 속의 흙조차도 다정하기 그지없다.

 봄비에 젖어 고개 숙인 키 작은 꽃들 사이를 지난다. 봄까치꽃, 큰고랭이, 좀개구리밥, 이름도 정다운 꽃들이다. 봄까치꽃은 흔히 개불알꽃이라 불리는 두해살이풀로 오월에서 유월 사이에 핀다. 선개불알꽃, 큰개불알꽃, 다소 민망한 이름이다 보니, 봄에 기쁜 소식을 전해 준다는 꽃말을 따라 봄까치꽃이라는 이름으로 불리게 되었다. 자주색 꽃잎을 확대경 루페로 보면 꿀이 분비되는 형태에 따라 만들어진 허니 가이드의 모양이 예수의 얼굴과 닮았다. 예수 고난의 시기에 베로니카라는 여성이 예수의 얼굴을 닦아 주었다고 하여 '베로니카'라는 이름으로도 불린다.

  끝없이 이어지는 산책로를 걷는다. 휘휘 늘어진 가지마다 제비의 혓바닥처럼 날렵한 잎사귀를 매단 갯버들 가로수 길이다. 문득 낯선 광경에 걸음이 멎는다. 어른 주먹 크기의 옹두리가 툭툭 불거지거나 구멍이 숭숭 난 나무 둥치가 바스러질 듯한 기세로 서 있다. 알락하늘소가 버드나무에 알을 낳고 그 유충이 나무를 파먹으며 살기 때문이란다. 알락하늘소가 사는 나무는 자가 치료하며 살아가거나 견디지 못해 쓰러진다고 하니 사람의 일생과 무엇이 다를까. 내치지 않고 무엇이든 품고 받아들일 뿐, 그런 큰 가슴을 지녔다, 습지와 습지에 사는 것들은.

  갈대와 갯버들 찰방이는 물가에 중대백로 한 마리 유유자적 노닌다. 햇살에 눈부신 흰 깃털 펼치며 여기저기 날아다닌다. 지구 온난화로 철새들도 기후에 적응하여 이제는 어디로도 떠나지 않고 이 땅에 터 잡아 살겠다니 반가운 소식인지 염려스러운 일인지 모를 일이다. 시시각각 변하는 자연환경에 적응한 생태계 이야기로 열띤 토론을 하며 걷다 보니 반가운 꽃들이 지천에 널려 있다.

  어린아이 리본의 꽃 매듭 같은 노랑꽃창포, 보랏빛 별들이 꽃불을 놓은 듯 사방 흩어져 반짝이는 얼치기완두, 농염한 여인이 붉은 지

줏빛의 입술을 반쯤 연 듯한 살갈퀴, 옛날 종기나 부스럼 치료에 쓰이던 소루쟁이, 미나리아재비과의 노란 개구리자리, 꽃마리, 꽃창포, 방가지똥, 씀바귀, 길바닥에 붙어 있는 질경이까지 작고 소중한 것들로 가득 차 있다.

갈대와 갯버들 군락을 지나 맹꽁이가 사는 자연 초지 맹꽁이 서식지에 다다른다. 맹꽁이는 낮에 주로 흙에 몸을 숨기고 있다가 밤에 나와 모기나 거미 지렁이 등을 먹는다. 수컷이 암컷을 부르는 '맹' 소리와 다른 수컷이 구애를 달리하는 울음 '꽁'이 우리에게는 '맹꽁'으로 들린다고 한다. 그래서 붙여진 이름이라나. 풀숲을 헤쳐 연못에 다다르니 용버들 세 그루가 우뚝 서 있다. 버들잎이 마치 파마를 한 것처럼 곱슬거리는 모양을 따라 파마버들이라 부른다. 물밤, 쇠뜨기, 마름도 있다.

슬며시 어린 시절 풀을 갖고 놀던 장난기가 발동한다. 토끼풀꽃을 꺾어 반지를 만들어 끼고 갈대를 꺾어 바람개비도 만든다. 습지에 사는 풀들은 물기에 썩지 않도록 공기 통로가 있다. 가벼워서 그런지 작은 바람에도 뱅글뱅글 잘도 돈다. 봄 소풍 나온 아이처럼 마냥 즐겁다. 한참을 걷다 보니 도랑가에 한 무더기 흑삼릉 군락이 있다. 흑삼릉은 뿌리줄기가 검은색을 띠고 잎에는 세 개의 능선과 모서리가 있어 붙여진 이름이다.

꼬리명주나비 복원지를 거쳐 부산시에서 처음으로 습지에 참나무, 상수리나무, 메타세콰이어, 팽나무, 돈나무를 심은 시배지도 지난다. 저 멀리 낙동강횡단수관교가 모습을 드러낸다. 대저와 삼락동을 잇는 수관교는 덕산정수장에서 정수한 상수원을 부산시에 공급하는 역할을 한다. 그 아래에는 민물가마우지들의 쉼터가 있다. 이곳은 강과 맞닿아 있어 큰고니, 물떠귀고니를 관찰하기에 좋다. 광장은 상처 치료제의 원료로 쓰이는 피막이풀들로 가득 차 있다.

바쁜 일정 탓에 세세히 관찰하지 못하고 겅중겅중 눈으로 훑듯이 탐방을 마치고 나니 시간은 꽤 흘러 해는 중천에 떠 있다. 인적이 드물던 공원에는 삼삼오오 햇볕을 쬐며 담소를 나누는 이들로 붐빈다. 가벼운 손 체조로 몸을 풀기도 하고 촬영 장비를 들고 작업을 하거나 자전거를 타며 지나는 이들로 활기가 넘친다.

이곳에 집이 있었을까, 아주 오래전의 낙동강을 떠올리며 강바람을 흠뻑 들이마신다. 허허벌판 바람 따라 넘실대던 강물과 강가에 사는 나무와 풀들, 그곳에 깃들어 살던 새 떼와 물고기들, 변변한 땅이 없던 이들에게 낙동강은 절대적인 삶의 디전이었을 터다. 이후 고속성장만이 살길이었던 지난한 시간을 보내며 이곳은 가까이 있어도 보이지 않는 곳이 되었는지도 모른다.

시간이 흘러 공원은 나날이 새롭게 조성되고 다시 사람들의 발길이 분주하니 이곳에 기대어 살았던 사람들의 그간의 노고가 눈 녹듯 사라지는 듯하다. 이제는 사계절 축제의 장이 되어 어른과 아이 손 잡고 하나 되니 얼마나 기쁜 일인가. 게다가 몇 남지 않은 습지인 삼락생태공원이 국가 정원으로 조성될 거라는 이야기도 간간이 들려오니 머지않아 반가운 소식이 날아들기를 손꼽아 기다린다.

우리는 누군가에게
풍경이 된다

긴 추석 연휴가 시작되었다. 추석에도 대부분 근무가 잡혀 있다. 쉬는 날은 하루뿐이다. 집에서 쉴까 하다 그냥 보내기 아쉬워 아이들과 가까운 곳으로 여행을 떠나기로 한다. 도심의 거리는 한산하다. 마음이 느긋해서인지 자동차들도 느리게 달리는 것 같다.

아들이 서핑을 가르쳐 준다고 해서 송정으로 간다. 아들은 집에 와도 운동복을 챙겨 밖으로 나간다. 푹 쉬면 좋을 텐데 헬스장으로, 바람 좋은 날이면 서핑하러 간다. 선후배들과 축구, 농구를 하며 보내기도 한다. 운동은 뭐든 가리지 않고 좋아한다. 서핑을 배운다니 두려움 반 설렘 반이었으나 막상 도착하니 바람이 불지 않는다.

나는 재미가 덜할 것 같다는 핑계를 대며 다음으로 미루자고 조른다. 속마음은 하루 쉬는데 아이들과 이런저런 얘기 나누며 편히 쉬고 싶었다. 다음으로 미루고 이른 점심을 먹기로 한다. 유명한 밀면집에서 대기 번호를 받아 기다렸다가 다양한 조합의 밀면을 맛본다.

송정의 바닷가를 거닌다. 바닷가에는 서핑 강습하는 이들이 몇 보인다. 우리는 신발을 벗고 모래사장을 거닌다. 모래 위를 걸으며 한낮의 따사로움을 즐긴다. 서로의 모습을 찍으며 앞서거니 뒤서거니 장난 같은 대화를 던지고 받는다.

나들이에 쇼핑은 빠뜨릴 수 없다. 기장의 롯데아울렛에 들른다. 추석은 이곳이 제대로 재미를 본다. 사람들로 인산인해를 이루었다. 이정표를 보며 브랜드를 찾아간다. 이미 장성한 아이들이지만 작은 선물이라도 안기며 추석의 기분을 만끽하고 싶었다. 연휴 세일이라 반값보다 저렴하다. 추석 선물로 사철 신기 편한 캔버스화를 가족 모두에게 선물한다.

쇼핑을 마치니 시원한 음료가 당긴다. 기장의 유명한 카페가 어디 있나. 딸이 검색한 곳은 '카페 덕미'다. 기장군 시랑리에 있는 카페는 해변의 주택을 개조한 곳이다. 어제까지 살림을 살아온 흔적이 묻어난다. 당장 세간을 들여놓고 살아도 될 만큼 어촌 마을 보통 살림집 카페에 흠뻑 빠져든다.

이곳이 카페거리로 형성되자 길가의 집이라 너도나도 탐을 냈을 거다. 사연은 모르겠으나 그런 연유로 탈바꿈했을 거라 짐작한다. 안채와 사랑채에 손님이 자리를 가득 메우고 자리가 나지 않자 축담에 방석을 놓고 동그란 이동식 테이블을 가져온다. 금세 야외 카페가 만들어진다.

아기자기한 주변 풍경들도 재미있다. 이웃한 집은 전문가의 손을 빌리지 않고 직접 손질한 티가 역력하다. 색이 맞지 않는 담장과 벽돌을 이어 붙여 만든 굴뚝 가리개는 무게를 이기지 못하고 굳어졌는지 비뚤어져 있다. 집마다 주인들의 독특한 취향이 묻어난다. 마음이 푸근하니 보이는 것마다 정겹다.

딸은 바닐라 라떼로 유명한 곳이라며 추천한다. 바닐라 시럽을 쓰지 않고 가격이 비싼 바닐라 빈을 쓴 모양이다. 까만 점들이 보인다.

바닐라 빈은 꼬투리째 발효시켜서 향료로 사용한다. 꼬투리 안의 끈적하고 까만 알갱이들이 향료의 주재료다. 과연 색다른 맛이다. 티스푼으로 떠먹는 무화과 티라미수는 부드러운 맛이 일품이다. 옥수수 치즈 케이크도 여타 브랜드에서 보지 못한 메뉴다.

바람이 없는 바다는 일시 정지. 지는 해가 바다에 비쳐 은근하게 빛나지 않았다면 바다의 흔들림도 느끼지 못할 만큼 잔잔하다. 하나 둘 축담과 마당에 테이블이 놓이고 서로를 의식하지 않고 제각기 추석에 취한다. 이곳이 카페라는 걸 잊어버린 듯하다. 마치 이 집에 오래 살고 있었던 것처럼, 한가로운 오후 마당에서 커피 한 잔 마시며 마실 나간 아버지를 기다리는 덕미 엄마의 마음 같다.

빨간 등대와 늘어진 전봇대, 오래된 어촌 마을이 새로운 공간으로 옷을 갈아입었다. 냅킨도 센스 만점이다. 시랑리 62-4, 집 번지를 적었다. 짐작건대 손님을 맞이하고 쟁반을 나르는 지들 중에 분명 덕미가 있으렷다. 어쩌면 돈 많은 이가 땅을 사들여 꾸며서 운영한다면 그야말로 마케팅을 제대로 한 거다. 우리는 바다를 보며 음료를 마신다. 그리고 바다를 음미한다. 가을에 젖고 추석에 머무른다.

마당가에 강아지풀 한 무더기 피었다. 살짝 말린 모양을 보니 옛 이름 게꼬리풀이라 불릴 만하다. 아마도 저곳이 화단이었지 싶다. 봄에는 봉숭아, 채송화가 마당을 물들였을 테고 여름에는 붉은 샐비어가 화단을 새빨갛게 불태웠을 테지. 장미 넝쿨 한 줄기도 높다랗게 올랐을 터, 대문 옆에 사철 푸른 동백나무 한 그루도 있었으면 좋았겠다. 화단이 있었던 자리라고 생각하니 마치 화단이 살아난 듯 선명하다. 내 마음대로 상상하는 즐거움이 있다, 덕미네 마당에는.

　오후의 추석 전야를 만끽하며 가을 햇살을 들이마신다. 멀리 가지 않고도 제대로 힐링한다. '아, 너무 좋다.' 느꺼운 감탄이 절로 난다. 근무지가 멀리 있어 집에 자주 오지 못하는 아들과 직장 생활로 시간을 맞추기 어려운 딸, 남편과 나, 가족들이 오랜만에 시간을 내어 하루를 보내는 일이 이리도 좋은가. 평소에 잠깐씩 시간을 내지만 오늘 유난히 이 모든 것이 가슴에 와닿는 건 추석에 대한 향수 때문일지도 모른다.

　어린 시절 추석에는 아침 일찍 추석빔으로 갈아입고 안방 문을 활짝 열어 놓았다. 추석 준비를 마친 부모님은 안방에 앉고 우리는 마루에 차례대로 줄을 지어 앉았다. 부모님께 절을 올리면 부모님은 우리에게 덕담을 해 주셨다. 얼마 지나지 않아 인사를 오는 사촌들의 방문이 이어졌다. 우리 집만의 추석 아침 풍경이다.

　집 맞은편에 벼가 익어 가는 긴 논을 지나면 친구 집이 마주 보고 있었다. 그 친구는 사정이 있어 아버지가 집에 자주 못 오셨다. 명절 때마다 우리 집을 보며 부러웠다고 고백한 적이 있다. 가족과 함께하는 모습이 얼마나 행복한 풍경인지 모른다는 말에는 함께하지 못하는 아버지를 그리워하는 마음이 묻어났다. 어린 나이에도 친구의 그 말뜻을 알아들었다. 사람들로 북적거렸던 우리 집보다 단출하게 가족끼리 보내는 친구 집이 부러웠다는 속말을 삼켰다.

　우리 집만의 행사를 마치고 우리는 동네에 있는 친척 집을 돌며 어른들께 인사드렸다. 무슨 말을 했는지 기억나지 않지만, 엄마가 시키는 대로 앵무새처럼 인사드렸던 것 같다. 우리 집은 친척들이 마지막으로 다녀가는 집이다. 아버지가 막내여서 그렇다. 사촌 오빠와 친척들은 점심때쯤 우리 집에 모여 밥을 먹었다. 너도나도 풍성한 한가위였다.

카페를 나와 모퉁이를 돌자 산책로가 나온다. 오른쪽으로는 작고 예쁜 바다가 이어져 있다. 자연 발생한 바다와 바위들이 그림인 듯 아기자기하다. 왼쪽은 아난티 호텔의 뒤편이다. 호텔에 딸린 수영장과 카페에는 사람들로 넘쳐 나고 호텔 베란다로 나온 이들은 그 광경을 본다. 우리는 그들을 본다.

길가에 핀 코스모스가 바람에 흔들린다. 살랑대는 모양이 옛 이름 살사리꽃 그대로다. 그래, 나도 단발머리 소녀였을 적에 바람에 나부끼는 코스모스처럼 살랑대며 걸었었지. 신작로를 걸어 집으로 가는 길, 좋아한다는 말 못 하고 내 뒤를 따라 걸으며 애꿎은 코스모스 모가지만 꺾었노라는 한 해 위 선배의 뒤늦은 고백도 있었지. 코스모스는 늘 그 시절로 나를 데려간다.

노란 금계국도 추석 마중 나왔다. 쨍한 노란빛 꽃잎을 힘차게 밀어 올린 금계국을 보니 꽃말 그대로 상쾌한 기분이 더해진다. 금계국은 아이를 만나러 부대에 갔을 때 부대 앞 화단에 가득 피어 있어 알게 된 꽃이다. 없는 솜씨 구슬려서 만든 음식 몇 가지 챙겨 달려온 나를 환한 빛으로 반긴 꽃이다. 금계국은 나에게 안도감의 다른 이름이다. 볼 때마다 반갑다.

이 모든 것이 마치 영화의 한 장면 같다. 작은 어촌 마을 산책로를 거니는 가족 혹은 연인들, 바다로 향한 창으로 내민 얼굴, 수영장에 몸을 담그고 수평선 너머를 보는 이, 산책 나온 강아지, 바닷가 풀숲

어딘가에 둥지 튼 길고양이, 길가로 튀어나와 부지런히 걸음을 옮기는 바닷게. 추석, 우리는 서로에게 잊지 못할 풍경이 되고 있다.

남바람꽃을
읽다

　바람이 분다. 옷깃을 여미고 거리에 나선다. 초록의 나무를 물들이는 건 빛도 구름도 아닌 바람인가, 단풍 물든 산빛이 더욱 선명하다. 샛노란 옷으로 갈아입은 은행나무 가로수 길을 거니는 행인들의 옷차림도 덩달아 두터워졌다. 코트 깃을 세워 종종걸음으로 어디를 급히 가는지, 한가로이 벤치에 앉아 볕을 즐기는 중년의 표정에서도 조급함이 읽힌다. 계절이 깊어 갈수록 나무들은 잎을 떨구고 가지를 하늘로 뻗는다.

　모처럼 맞는 휴일, 지인 몇이 계획했던 여행길에 올랐다. 그곳에 가자는 말에 앞뒤 재지 않고 가겠노라 약속했다. 눈이 시리게 달려온 일상을 벗어나 바람 부는 대로 흔들리며 그곳에 가 보자 싶었다. 차창으로 스치는 풍광, 주거니 받거니 끊어졌다 이어지는 일행의 얘기들, 꽤 오래 알고 지내 온 지인들이라 일찌감치 마음은 빗장을 허문 터, 그들의 숨소리조차 파동이 되어 가슴 깊이 파고든다. 저마다의 삶과 바람을 아는 터, 여행은 함께하는 이의 마음까지 보듬는다.

　외진 길가에 주차하고 구불구불 휘어진 산길 따라 한 시간여 걷다 보니 남바람꽃 군락지에 다다른다. 봄에 피는 남바람꽃이 지금 있을 리 없고, 스러질 듯 기운 꽃대와 시든 잎만 겨우 자리를 지키고 있다. 가을 끝자락 눈이 부시게 푸른 하늘 아래 용화산 산빛은 오색찬란하다. 낙동강을 따라 흐르는 완만한 물살을 베고 누운 산 그림자에 물빛을 더한 가을이 걸터앉아 자분거린다.

이곳이 남바람꽃 군락으로 알려지기 시작한 것은 그리 오래되시 않았다. 꽃자리를 찾아 사진을 찍는 이들에 의해 소문이 났다. 느티나무 보호수를 배경으로 해 뜨는 모습을 담는 곳으로 유명하다. 정자와 느티나무 뒤로 보이는 강 건너 남지 유채꽃과 끝없이 이어지는 낙동강 물줄기가 이루는 조화로움은 어떤 명화에 비할 바가 아니다. 낙동강은 강원도 태백시의 황지연못에서 발원하여 물줄기가 다대포 앞바다까지 흘러간다 하니, 하나의 물길로 우리의 하나 됨을 일깨우는 그 의미가 장엄하기 이를 데 없다.

정자는 임진왜란 때 의병으로 활약했던 두암 조방 선생이 지은 반구정이다. 수백 년 전 도를 닦던 이들의 수련터로 이용되었던 반구정이 함안 조씨 문중에서 관리하다가 방치되는 운명으로 수십여 년을 보냈다. 이후 지인의 숙부가 퇴직 후 들어와 퇴락한 정자와 황폐해진 뜰을 가꾸었고 임도에서 정자에 이르는 산길도도 만들었다. 지금은 숙부의 아들이 관리하고 있다.

400년 넘게 제자리를 지키며 시간을 아로새긴 현판은 반구정의 역사를 증명하고 있다. 기둥에 새긴 주련은 지나온 시간의 무게만큼 묵직한 울림을 얹는다. 지인이 한자를 해석하고 우리는 그 뜻을 따라 읊는다. "낙동강 볕이 잘 드는 명승지에 임금의 은혜로운 허락으로 니는 이곳에서 노닐고 있다. 시끄러운 속세의 소리가 한가로운 늙은 이의 귓가에 이르지 못하고 거친 비가 내리는 삼경에 갈매기와 짝을 이루는 꿈을 꾸는 도다."

　산길을 따라 내려가니 세월의 흔적을 고스란히 간직한 반구정과 느티나무가 모습을 드러낸다. 어른 몇이 손을 맞잡아도 모자랄 만큼 큰 느티나무는 수령이 700여 년이 되어 보호수로 지정하여 관리하고 있다. 몇 해 전 지인과 함께 방문했을 때 나무 아래 너럭바위에 앉아 우리를 반겨 주던 어르신의 모습이 그려진다. 하얀 모시옷 한 벌 입으신 모습이 마치 학이 앉아 있는 것 같았다. 속세를 등지고 조상의 터에 들어와 고고한 학으로 살다 가신 그분이 손수 커피와 감과 포도를 내오셨다. 바람결에 우수수 떨어지던 붉게 물든 나뭇잎, 빛바랜 잔디 위에 구르던 마른 잎사귀들 수런대던 소리, 그해 가을에도 하늘은 유난히 높았다.

　남방 바람꽃이라 부르기도 하는 남바람꽃은 어르신이 처음 보았다. 강가에 작고 단아한 꽃이 피어 옮겨 심었더니 오고 가던 출사가들의 눈에 띄어 입소문을 탔다. 습생이 까다로워 습하고 바람이 부는 곳에서 잘 자란다고 하여 바람꽃이라 한다고도 하고 생긴 모양이 바람개비를 닮아 붙인 이름이라나. 바람개비나 바람꽃이나 생생하게 살아 있음을 증명하는 것은 바람인 것은 틀림없다. 바람꽃, 온 이름씨를 갖다 붙이는 대로 꽃 이름이 된다. 조선바람꽃, 가래바람꽃, 홀아비바람꽃, 너도바람꽃, 나도바람꽃, 우리의 바람만큼이나 이름도 다양하다.

　노거수에 기대어 한가로이 흐르는 낙동강을 내려다본다. 강 너머 영근 알곡을 추수한 너른 들판이 누워 있다. 그 뒤로 멀리 남지철교가 보인다. 한국전쟁 때 헤아릴 수 없는 상처와 아픔을 남겼던 곳이다. 노거수는 묵묵히 터를 지키며 대를 이어 살아가고 있는 사람들과 제시간에 뜨고 지는 해와 달, 사계절 시시때때로 불어오는 바람을 벗 삼아 굳건히 일어섰을 터이다.

이곳은 봄, 여름, 가을, 겨울 어느 때 와도 탄성을 터트리는 곳이다. 봄에 피는 바람꽃을 보러 오는 이, 울울창창 힘차게 펄떡이는 여름 산을 좋아하는 이, 낙화홍엽 타는 가을 산을 보러 오는 이, 순백의 눈으로 뒤덮인 이곳은 무릉도원이 따로 없단다. 우리가 유독 가을에 오는 까닭은 알 수 없지만 한 해를 시작한 후, 바쁘고 힘찬 걸음 걷다 잠시 멈추고 쉬어 가기 좋은 때가 가을이 아닌가 싶다.

담소를 나누는 일행을 뒤로하고 느티나무 오른쪽으로 계단을 따라 내려간다. 그곳에는 조그마한 비碑가 있다. 비 앞에 앉아 묵념하고 잔디에 앉는다. 시인의 숙부는 평생을 한 몸같이 지내던 부인을 떠나보내고 부인이 떠난 자리에 비석을 세웠다. 비석에 새겨진 글은 '선화지허仙化之墟', 신선이 된 곳이다. 어느 날 숙부가 장난기가 발동하여 밭일하던 아내에게 살금살금 다가가 뒤에서 몰래 끌어안았다. 모종을 심던 아내는 호미를 손에 쥔 채 그대로 노인의 품으로 쓰러졌다. 아내를 잃은 애통함과 아내에 대한 사랑을 기리기 위하여 비를 세우고 시를 지었다.

"세상 사는 동안 베풀기 좋아하고 검소하며 한없이 착했던 사람, 마지막 최선을 다하고 돌아가던 순간 나는 산전이 씻어시노록 부르짖었소." 뒤돌아 앉은 뒤태가 고왔던 힐미니처럼 남바람꽃은 꽃잎 뒷면에 보라색 무늬가 선명해서 뒤태가 아름다운 꽃으로도 불린다. 꽃말이 '덧없는 사랑', '당신만이 볼 수 있어요'란다. 어르신은 아내의 비 앞에 앉아 시를 짓고 서화를 그리거나 소일하다가 97세의 나이로 아내 곁으로 가셨다. 부부의 도道는 이래야 한다는 듯, 두 분의 사연 또한 꽃말처럼 소박하고 애잔하다.

  꽃을 처음 보았을 때, 먼저 간 아내의 넋이 아닌가 하여 두고 어여삐 여겼더니 꽃들이 점점 기세를 더해 피더란다. 강둑을 덮을 기세로 번져 군락을 이루었다. 출사 나온 이들의 사진으로 세상에 알려져 국립수목원까지 소식이 번졌다. 담당 직원이 먼저 알고 연락을 해 왔더란다. 보호 식물인 남바람꽃이다. 원래 있던 꽃을 뒤늦게 발견하였는지, 어느 곳에서 바람에 실려 온 꽃씨가 터를 잡은 것인지 알 길은 없으나 반구정 남바람꽃은 이런 연유로 나에게 왔다.

  자리에서 일어나 유유히 흘러가는 낙동강 물줄기를 본다. 한 줄기 바람이 스친다. 부부의 도를 지키며 사는 일이 어찌 어제의 일이기만 할까, 큰 가르침을 들은 듯 가슴께가 뻐근하고 코끝이 찡해진다. 지금은 비록 연분홍 꽃잎도 창창하던 꽃대도 없이 가지만 앙상하지만 내년 봄에는 반드시 연분홍 꽃잎이 산과 들을 수놓을 거다. 반구정 물가 느티나무 아래에 서서 두 분의 삶을 가슴에 새기며 남바람꽃을 다시 읽는다.

나만의 도서관

　백석 시인의 시집을 가방에 넣는다. 책이 얇아서 무겁지 않고 글 한 편이 짧아서 음미하고 되새김하다 보면 금방 목적지에 다다른다. 시집은 출근길 버스 안에서 읽기에 안성맞춤이다.

　병원에 도착하여 1층 카페 의자에 앉아 책을 읽는 재미도 크다. 한 시간 정도 몰입하다 병동으로 간다. 책 읽기는 시간의 여유와 크게 상관없다. 비교적 여유 시간이 많은 직장에 근무할 때보다 3교대 빠듯하게 돌아가는 근무환경에서 더 짬을 낸다. 수시로 틈새 시간을 비집고 들어 고도의 집중력을 발휘한다. 흔들리는 차 안이나 카페에서 한두 시간 정도 읽다 보면 어느새 일주일에 두세 권은 너끈하다.

　차 안에서 책을 읽는 버릇은 꽤 오래되었다. 그때는 버스 안에서 책 읽는 광경을 종종 볼 수 있었다. 이후에도 홀로 여행을 가거나 장거리 여행하는 동안 버스나 비행기에서 그동안 읽지 못했던 책을 읽는다. 낯선 환경에서의 독서는 또 다른 감흥을 불러일으킨다.

　이곳으로 이사 온 지 3년째 접어든다. 집 주변에 백양산이 있어 공기가 맑고 조용한 곳이라 이보다 더 좋을 순 없지 싶다. 새벽에 차 소리 사람들 소리가 들끓는 곳에서 잠을 깨곤 했는데 새소리 난무하는 산속에 있으니 숙면에 든다. 무엇보다 처지가 엇비슷해 보이는 서민들이 살기에 적당하니 마음이 요란하지 않다. 이곳에 와서 읽는 독서량이 몇 년 전 독서량보다 훨씬 많다. 자가용을 버리고 뚜벅이가 된 것도 한몫한다.

　단체에서 부쳐 오는 책과 문인들이 보내오는 책은 전체를 읽지 못하고 몇 편 읽다가 밀쳐 두고 그러다 잊힌다. 개인 창작물은 꼼꼼하게 읽는다. 한 자 한 자 적어 내린 글들이 몇 번의 퇴고를 거쳐 한 권의 책으로 태어났다. 작가의 혼신의 결과물임은 물론 내 손에 오기까지 거쳤을 작가의 마음을 아는 터라 아무리 바빠도 빠뜨리지 않는다. 그럼에도 불구하고 쌓인 책들이 제법 있었다. 별 핑계를 대어 보지만 읽지 못한 미안함이 컸다.

　이곳에 이사 오고부터 쌓이고 밀린 책이 없다. 출퇴근길에 동행하니 책은 늘 부족하다. 요즘은 오히려 책이 오지 않나 기다린다. 관심 있는 책을 주문해서 읽으니 포인트도 꽤 쌓여 있다. 장르에 구애받지 않고 읽는 편이라 어느 때는 소설 어느 때는 시, 수필, 동화, 흥미가 가는 대로 닥치는 대로 읽는다.

　모두 우리 동네를 돌아가는 버스 덕분이다. 약속이 있어 시내로 나갈 때나 출근할 때 이용하는 23번 버스는 집 앞에서 출발해서 부산진우체국에서 내려 환승하여 모두 다섯 정거장 지나면 근무지에 도착한다. 길게 잡아도 10~20분 이내에 도착한다. 거기서 회차하여 다시 집 앞으로 선암사 입구로 몇 정거장을 통과하여 도착하면 40~60분 정도 걸린다.

　17번 버스는 초량에 있는 병원으로 출퇴근할 때 이용하던 버스다. 집이 버스 종점에 있으니 마음에 드는 자리를 골라 앉는다. 특별히 좋아하는 자리가 있는데 다리를 올리기도 좋고 책을 살짝 걸치기도 좋다. 한 시간 정도 걸리는 거리에는 밀쳐 두었던 장편 소설을 읽는다. 일 년 정도 근무하는 동안 미뤄 두었던 책들을 모두 읽었다. 근무지를 집 앞 가까운 곳으로 옮기고부터 비교적 가벼운 수필과 시를 읽는다.

처음에는 다른 이의 시선을 의식했지만, 이제는 마치 도서관에 온 것처럼 편안하고 자연스럽다. 마치 학생들이 복잡한 카페에서 시험 공부를 하면 집중이 잘된다고 하는 것처럼 나 역시 버스 안이 책 읽기에는 최적의 장소이다. 책을 읽으며 많은 생각을 떠올리고 아이디어를 얻기도 한다. 더러 차 안에서 책을 읽는 이도 있지만 대개 시험 기간에 공부하는 학생들이다. 핸드폰을 보는 이들이 대부분이다.

글쓰기 실력을 키우려면 많이 읽고 많이 생각하고 많이 쓰라고 말한다. 반박의 여지가 없는 말이다. 글을 쓰기 전에 많이 읽어야 히지만 쓰기에 심취하여 다작하다 보면 어휘의 한계를 느낀다. 상투적인 표현의 식상함에 애먼 재능을 탓한다. 원고 청탁을 받을 때는 메마른 우물의 밑바닥을 바가지로 긁어내듯 쥐어짜며 글을 쓰기도 한다. 비범함이라곤 찾아 볼 수 없는 그저 그런 글로 타협하고 만다. 그럴 때는 누군가 억지로 붙여 준 작가라는 이름이 부끄럽다.

수필을 처음 쓰기 시작할 때 마음과 같지 않은 글이 나올 때가 있었다. 시간이 흐르면 더 나아질 거라 위로하였다. 하지만 시간이 흘러도 어쩐지 제자리 상태인 것 같다. 그럴 때는 다른 이들의 글을 읽으며 다시 용기를 얻는다. 잘 쓴 글보다 열심히 쓴 글을 탐독하며 글

쓴이를 응원한다. 기발한 발상에 박수를 보냈던 처음과 달리 지금은 성실하게 쌓아 올린 글에 더 감동한다. 잘 쓰는 것보다 꾸준히 쓰는 일이 더 어렵다는 걸 알기 때문이다. 수필은 결코 붓 가는 대로 쓰는 쉬운 장르가 아니다.

올해 사상문화원에서 생활 글쓰기 교실을 열어 달라는 제안을 받았다. 마침 글에 갈증을 느끼던 터라 초심으로 돌아가 공부할 겸 수락하고 교재를 준비했다. 처음 수필을 배울 때 교과서처럼 탐독하던 책을 꺼내 교본을 만들어 독서 목록을 작성했다. 매주 과제를 내고 수업에 들어갔다. 주제는 꽃, 음식, 음악, 동물, 그림에서 소재를 던지고 실험적 장르도 시도했다. 수강생들은 매번 기대 이상의 성장을 보였고 다작의 작품을 수확했다.

단체 대화방에 과제를 올려놓고 일주일 동안 어느 정도의 글이 나오는지 시험해 보고 싶었다. 나도 과제를 함께 했다. 학생들에게 시시하거나 버거운 과제는 수업에 대한 흥미를 떨어트리니 과제를 정하는 것도 고민이었다. 점차 열띤 분위기가 이어지고 덩달아 글을 쓰는 자신을 발견했다. 얼마 지나지 않아 입문하던 때 느꼈던 감정이 되살아나 글에 몰입하였다. 글쓰기 수업과 나만의 도서관에서 쌓여간 독서 덕분인지 마르지 않는 샘물처럼 이야기가 흘러나왔다.

처음처럼 들불 번지듯 글에 대한 갈망에 사로잡히지는 않았지만, 수업을 진행하는 동안 한 달에 50편 가까이 글을 구상하고 써내던 첫 마음으로 돌아갔다. 그동안 하고 싶은 말이 많았던 모양이다. 작가로 성장할 이들을 가르치는 일과 작가로서 쓰고 싶은 욕망이 있다는 사실을 확인했다. 그러저러한 이유로 매번 몰입은 어려워도 그때처럼 시마詩魔에 들어 희열에 들뜬 시간이었다. 감사한 마음으로 받아들여 바지런히 옮겼다.

시간이 흐르면 글 실력도 향상되겠거니 안이하게 생각했던 어리석음을 깨우친 것도 큰 수확이다. 마음에 불길이 번져도 순수한 도전정신과 끈질기게 물고 늘어지던 근성이 없으면 소용없는 일이다. 요즘은 과몰입하고 좌충우돌하며 실험적 글을 쓰려던 첫 마음과 달리 무난하게 주제에 도달하는 글을 쓰곤 혼자 웃고 만다. 글도 나이를 먹어 가는지 예전처럼 무모한 도전을 하지 않는다. 제 깜냥에 안주하면 마음은 편안하다. 하지만 거울에 비친 나의 뒷모습은 왠지 쓸쓸하다.

그나마 다행인 건 책을 읽으며 글에 대한 끈을 놓지 않는다는 거다. 한 권의 책 읽기가 끝나면 다른 책으로 바꾼다. 가방에는 새로운 이야기를 펼칠 준비를 마친 책이 나를 기다리고 있다. 흔들리는 버스 안에서 앞 장을 읽고 집으로 가는 길에 다음 장을 읽는다. 글감이 떠오르면 놓칠세라 메모지에 스케치한다. 버스는 나만의 이동도서관이자 사유의 보물창고이다.

집에 도착하면 가방 안의 책은 휴식을 취한다. 나는 메모장을 꺼내 새로운 글을 쓴다. 일하는 동안 묵혀 둔 생각을 펼친다. 시나브로 생각도 글도 사람도 익어 가고 있다. 글에서 풋내가 가시고 달콤한 향이 난다.

한낮의 로큰롤

 너무 한낮의 여름은 가만히 서 있어도 온몸이 땀에 젖는다. 에어컨 빵빵한 버스에서 내려 새벽시장을 가로질러 두어 차례 골목을 꺾어 돌면 감전동 행정복지센터에 도착한다. 약속이 취소되어 평소보다 일찍 도착한 행정복지센터에는 점심시간이 맞물려 출입문이 잠겨 있다. 여느 때 같으면 2층 강의실에는 일찍 도착한 수강생들이 글을 쓰거나 담소를 나누고 있을 터였다.

 사상 예술문화 아카데미 "삶을 가꾸는 생활 글쓰기" 강좌는 6월에 시작하여 10월까지 매주 월요일 2시부터 4시까지 20회 차 수업으로 진행한다. 참여하는 이들은 글쓰기의 기본을 다듬고 장르별 글쓰기 창작 과정을 거치며 작가의 길을 꿈꾼다.

 학창시절에 글에 재능이 있었거나 꽤 오랜 기간 습작 과정에 있는 분, 시를 오래 써 오신 분, 매일 일기를 쓰는 분, 모두 처음에는 보이지 않았던 기량과 재능을 펼치며 작가의 재능을 드러냈다. 문학 이론을 공부한 후 과제 작품을 합평할 때면 나날이 발전하는 모습에 놀랄 때가 한두 번이 아니다. 회원들의 일취월장하는 실력을 보는 일은 강사에게는 큰 자부심을 느끼게 한다.

 카톡으로 과제를 올리면 주제와 소재에 맞게 글을 창작해 온다. 분량이 길거나 짧은 것에 큰 의미를 두지 않는다. 일주일 안에 정해진 주제에 맞춰 글을 쓴다는 게 여간 힘든 일이 아님을 알기 때문이다. 주말에 써야지 마음먹고 있다가 집안에 일이 생기거나 컨디션이 난조를 보일 때는 계획이 틀어진다. 나의 한 주의 중심은 글쓰기 수업이 될 정도로 회원들의 작품이 기다려진다.

예상치 못한 상황에 밖으로 나와 어디 앉을 곳이 없나 주위를 두리번거리니 당산공원 벤치에서 중년의 사내가 손짓한다. 이곳에 나를 아는 이가 없을 텐데 생각하면서도 혹시 아는 사람일 수도 있으니 기억을 되돌려 봐도 본 적이 없는 낯선 얼굴이다. "왜 그러세요?" 나는 물었다. 아마 경계심 가득한 눈빛이었지 싶다. "뭐 물어볼 거 있지 않아요?" 그제야 상황이 이해되었다. 두리번거리는 모양을 보니 이곳 사람은 아닐 터, 무엇이든지 물어보면 도와줄 준비가 되어 있다는 것이다. "행정복지센터가 점심시간이라 문을 닫았네요." 얼버무리고 앉을 곳을 찾아 자리를 옮겼다.

그와 멀리 떨어진 벤치에 어르신 두 명이 있는 자리로 갔다. 그는 충분히 쉬었는지 조금 있다가 일어났다. 아마 이곳 토박이임이 분명하다. 이곳을 지나는 이들의 어떤 물음에도 답할 수 있다는 자신감이 온몸에서 뿜어져 나왔다. 여기서 두리번거리는 이는 한눈에 봐도 길을 묻거나 방문할 곳을 찾는 이들일 것이니 친절한 마음으로 물어볼 거 있으면 물어보라는 뜻이었다. 다시 생각해 봐도 참 따뜻한 마음이다.

손수건을 꺼내 흘러내리는 땀을 닦으며 손으로 부채질하고 있는데 어디선가 왁자한 음악 소리가 쏟아진다. 미국의 록밴드 본 조비의 〈You Give Love a Bad Name〉이나. 굳이 해석하자면, 넌 사랑이란 이름에 먹칠을 했어, 난 내 역할을 다하는데 넌 게임을 하는 거지, 절규를 반복한다. 대학교 1학년 때 실연의 상처도 모르면서 다부지게 따라 부르곤 하던 노래이다. 사랑으로 상처받은 이가 외치는 흥겨운 노랫소리가 조용한 동네에 한동안 울려 퍼진다.

자리에 앉아 있던 이들도 하나둘 일어나 쳐다보고 다시 앉는다. 나도 덩달아 고개를 빼고 쳐다보니 행정복지센터 옆에 세워 놓은 차량이 눈에 들어온다. 열어 놓은 차창으로 들려오는 노랫소리다. 주인공은 민소매 팔을 창에 걸친 채 고개를 끄덕이며 따라 부른다. 세대를 뛰어넘는 명곡이기도 하거니와 수십 년 전의 음악을 즐기는 혈기왕성해 보이는 청년의 감성에 눈길이 자꾸 머문다. 너무 한낮에 당산나무 아래에서 듣는 추억의 로큰롤이라니, 이색적인 분위기에 더위가 가시는 듯하다.

그제야 주위의 풍경이 눈에 들어온다. 여기는 당산공원이다. 이곳 사람들을 넉넉한 가슴으로 품는 수령이 200여 년 된 팽나무 신목神木과 감전할매신당이 있다. 대개 당산과 신당은 마을의 한적한 곳에 있어 고즈넉한 분위기와 옛 건물이 주는 거리감이 있는데 감전할매신당은 마을의 중심에 있어 가깝게 느껴진다. 경로당과 공연 무대도 있으니 주민들의 휴식 공간은 물론 공동체로서 함께 어우러지는 문화 공간으로 손색이 없다. 나무 주위 작은 화단에는 매발톱, 옥잠화, 수호초, 둥굴레, 백리향이 넘실댄다.

이곳은 옛 서감마을이다. 서감마을은 감전동의 으뜸 마을로 서촌西村이라 불렀다. 동감 마을은 서감마을 동쪽에 있어 동감이라 불렀다.

강변 모래펄에는 재첩이 많이 잡혔다고 한다. 도시화되기 이전 이 일대는 모두 갈대밭이었고 그 중심에 서감마을이 있었다. 7월이면 밤마다 갈대밭에서 게잡이 횃불이 만들어 내는 장관을 볼 수 있는데 이를 사상팔경 중 칠월해화七月蟹火라 한다.

감전동은 세 가지가 많기로 유명하다. 물, 모래, 포플러나무이다. 포플러나무가 많은 마을이라는 일본의 합성어 포프라마찌가 탄생하게 된 연유이다. 주민들은 괘내천으로 흐르는 주변으로 마을을 이루고 살았는데 비가 오면 천이 넘쳐 물바다가 되어 주택은 침수하기 일쑤였다. 자구책으로 자라는 속도가 빠른 포플러나무를 하천의 양쪽으로 심었다. 비가 내려 물이 넘치려고 하면 마을 이장이 징을 쳐서 주민들을 깨웠다. 자다 일어난 주민들은 한밤중이라도 도끼와 톱을 들고나와 포플러나무를 베어 둑을 쌓았다.

예부터 사상은 동고서저의 지형이라 동쪽의 백양산에서 내려온 모래가 낙동강으로 흘러가며 쌓여 지형을 이룬 땅이다. 마당을 한 자만 파면 모래가 나온다고 하니 모래가 얼마나 많은 땅인지 알 수 있다. 감전 수문의 수위가 낙동강 수위보다 낮아 툭하면 넘치기 일쑤였다. 어른들이 낙동강 물을 보며 저건 안동 물이네, 저건 합천 물이네, 할 정도로 전날 비가 내린 지역에 따라 강물이 그대로 흘러들었다.

앉아 있는 동안 새댁이 유모차를 끌고 와 팽나무 아래에서 꽃들의 이름을 아이에게 들려주며 쉬었다 간다. 초로의 어르신이 지나가다 벤치에 앉아 백양산 바라보며 담배 한 개비 꺼내 문다. 예순을 넘은 여인이 시장 본 배낭을 내려놓고 뉴스를 화제 삼아 말을 붙인다. 그녀의 말에 귀 기울이는 이 없어도 소신껏 발언을 마치고 배낭을 메고 길을 떠난다.

누군가는 이곳을 부산의 변두리라고 한다. 하지만 그건 지난 역사를 모르는 사람들이 하는 소리다. 감전동에는 부산의 하루를 여는 새벽시장이 있고 부산의 산업화를 이끈 크고 작은 공장들이 모여 있다. 오늘도 사람들이 거리를 오가고 공장은 힘차게 돌아간다. 미래를 위한 크고 작은 계획들이 실현되고 있는, 기운차게 살아가는 마을이다.

당산공원은 감전동 주민의 발길이 끊이지 않는 진정한 생활문화 공간이다. 문화든 뭐든 현재의 삶에 기반을 두지 않는다면 무용지물과 다를 바 없을 터, 감전마을에 감전할매신당을 모셔 놓은 당산공원이 제자리를 지키고 팽나무의 무성한 잎이 색을 더하여 사람의 발길이 끊이지 않으니 과거와 현재 그리고 미래가 공존하는 상생의 광장임이 분명하다.

다가올 시간과 공간 속에서 당산공원이 새롭게 변주되는 상상을 한다. 사랑을 갈구하는 청년의 함성이 거리를 가득 메우고 젊음의 기운을 팡팡 터트리며 노래하는 이곳, 엄마 손을 맞잡은 아이들이 꽃 이름을 외우고 오늘의 뉴스를 화제 삼아 누구나 얘기 나눌 수 있는 곳, 생기 가득히 살아 숨 쉬는 곳이다.

몇 주 지나면 이 강좌도 막을 내린다. 지금처럼 자주 들르지는 못하겠지만 이 거리에 흥겨운 로큰롤이 쉼 없이 흘러나오기를 기대하며 자리에서 일어난다.

2부 내 마음이 보이나요?

내 마음이 보이나요?

　요양병원 중환자실에서 실습한 지 두 달이 지나갈 무렵이다. 유니폼을 갈아입고 루틴으로 하는 일을 하나씩 해 나갔다. 실습생들은 의료와 직접 연관된 일은 하지 않는다. 물품 정리, 약국 다녀오기, 바이털 재기, 침상 정리 정돈 정도이다.

　나는 시간이 날 때마다 침상과 상두대를 정리했다. 그날도 침대 난간을 닦고 있을 때 응급환자가 입원했다. 어제까지 비어 있던 침상으로 짐을 풀었다. 오십 대 후반의 남자는 시력이 매우 나쁜 듯 검은 테의 두꺼운 안경을 쓰고 있었다. 산소마스크를 하고 있어서 그런지 안경에는 습기가 차올라 뿌옇게 흐렸다. 눈이 제대로 드러나지 않는 얼굴에서 그의 표정을 제대로 읽기란 어려웠다. 안경을 빼서 서랍장 안에 두었다. 안경을 벗자 그의 얼굴이 드러났는데 쌍꺼풀이 굵고 큰 눈의 선한 얼굴이었다.

　다른 환자들의 바이털을 재고 다른 일을 마무리한 후 그에게로 갔다. 두어 시간이 흐른 후였다. 그즈음 병원 업무에 익숙해져서 시간 날 때마다 병실을 돌아보며 환자들에게 필요한 것을 챙겨 드리곤 했다. 겉으로 보이는 그는 건강했다. 환자들의 의료 기록을 볼 수 없는 실습생들에게는 침상 위에 적힌 환자 카드만이 유일한 정보다. 겉으로 보이는 것과 달리 중환자실에 왔을 때는 그만한 이유가 있을 거라 짐작할 뿐이다.

실습생의 눈에 보이는 그의 외적 상태는 안정을 취한 후 곧 일반 병동으로 옮기겠구나 싶었다. 비교적 짧은 시간이었지만 눈으로 보이는 증상은 없었고 심한 갈증을 호소하는 게 이상 신호였다. 학생 신분이라 바쁜 선생님들께 이것저것 물어서 귀찮게 하기도 뭣하니 환자에게 자주 들러 불편함을 묻고 선생님들께 알려 드렸다.

그는 자주 오렌지 주스를 찾았다. 중환자실에서는 환자의 사소한 행동도 그들이 보내는 이상 신호이니 바로 말해 달라는 닝부의 말이 있었다. 평온한 상태에 있다가도 갑자기 혼수상태에 빠지기도 한다. 내 마음대로 줄 수 있는 것도 아니고 음식을 삼킬 수 있는지도 모르는 일이니 보고했다. 혈당을 체크하니 정상 수치였다. 얼핏 보면 정상인과 다를 바 없어 보였다. 간호사가 어디서 구했는지 오렌지 주스를 들고 왔다. 그는 단숨에 한 병을 마시고는 살 것 같다며 연신 고맙다 인사했다.

그는 며칠 동안 중환자실에 머물렀다. 갈수록 상태는 나빠져서 그가 부착한 장치들이 늘어났다. 그동안 듣고 본 이야기를 종합해 보면 그는 이미 나아질 수 없는 몸 상태였다. 그의 옆으로 자주 갔다. 땀을 닦아 드리거나 주변을 정리하는 일뿐이었지만 옆에 가 있으면 그에게 위로가 될 것 같았다. 그는 희미하게 눈을 뜨며 내가 묻는 말에 대답하고 간혹 필요한 것을 요청했다. 물을 달라거나 주스를 달라는 것들이었다.

입원 첫날 서랍에 넣어 두었던 안경이 생각났다. 환자들이 임종에 가까워질 때 몇몇 징후를 보인다는 사실을 알았다. 누구나 그렇진 않지만 대개 비슷하다. 호흡 혈압 산소포화도 신체에 드러난 징후를 보며 그에게 남은 시간이 얼마 남지 않음을 어렴풋이 느꼈다. 그는 지금 생의 마침표를 바라보며 잠시 머무르고 있었다. 그에게 가장 원하는 것을 해 주고 싶었다. 산소호흡기를 꽂고 희미한 의식 속에 있어도 가끔 눈을 뜨면 보고 싶은 게 있을 것 같았다.

그때 서랍에 넣어 두었던 안경이 생각났다. 안경을 꺼내 보니 시력을 가늠할 수 없을 정도로 안경알이 두꺼웠다. 그동안 닦지 않아서 찌든 때와 얼룩이 가득했다. 물티슈를 꺼내 때를 벗기고 마른 휴지로 물기를 없앴다. 깨끗해진 안경을 그에게 건넸다. 그는 안경을 끼고 주위를 두리번거리다 나를 보며 말했다.

"내 마음이 보이나요? 안경을 찾고 있었어요."

사랑하는 사람의 얼굴, 어린 시절 뛰어놀던 드넓은 들판, 청춘의 꿈을 안고 항해하던 짙푸른 바다, 주마등처럼 스치는 순간들, 그는 병상에 누워 마음으로만 볼 수 있다. 지금 볼 수 있는 건 천장의 기하학무늬, 투명한 벽으로 보이는 병실 사람들뿐이다. 오렌지 주스를 건네는 간호사의 미소, 힘내라며 손잡아 주는 실습생, 요양보호사들이 건네는 안부 인사, 마지막으로 그가 듣고 본 것들이다.

그가 떠나던 날은 무슨 일 때문인지 퇴근이 늦었다. 주말이라 마음의 여유도 있어서인지 그의 마지막을 예견하며 미적거렸는지 모른다. 나이트 근무가 시작될 때였다. 나는 마지막으로 병동을 돌며 환자의 상태를 보고 있었다. 그의 곁으로 간 순간 부착한 기계의 수치들이 떨어지며 선들이 불규칙하게 흔들렸다. 응급 상황이다. 모두 응급처치에 매달렸으나 끝내 모든 기록이 멈추었다. 가는 실선만이 그의 상태를 말해 주었다.

세상과 작별하는 순간을 처음으로 본 날이다. 간호사들은 정해진 순서에 따라 보호자에게 전화를 걸고 신체에 부착된 기구를 떼어 냈다. 요양보호사들은 환자의 마지막 의복을 갈아입혔다. 갑작스러운 상황이라 손이 부족했다. 나는 퇴근도 미루고 가시는 분의 마지막을 챙겨 드리며 실습생으로서 자리를 지켰다.

예정된 죽음이었다고 하나 삶과 죽음 경계에 있던 그의 존재가 지워지는 선을 보며 느꼈던 충격은 지금도 잊히지 않는다. 사력을 다해서 꼭 붙들고 있던 힘겨운 삶을 저리 맥없이 놓는구나, 짧은 순간이었지만 만감이 교차했다. 살면서 후회를 남기지 않으려고 최선을 다했으나 지금까지 시키리고 아등바등 에쓰던 일들이 그럴 만한 가치가 있을까 하는 회의감이 밀려들었다. 가끔 어른들이 삶을 초월한 듯 '세상을 붙들고 있던 끈 하나 놓으면 그만인걸' 하는 말을 늘을 때가 있었는데 그날 그 말의 뜻을 보고 말았다.

나는 그날 밤 몹시 아팠다. 이틀을 앓아누웠다. 다만 그의 마음을 보려고 노력했고 그가 마지막 순간에 눈에 보이는 것들을 담아 갔을 거라 생각하니 마음이 조금 가벼워졌다.

문득 그분과의 마지막 대화가 떠오를 때가 있다. '내 마음이 보이나요?'라고 물으며 엷은 미소를 짓던 그 말의 의미는 자신의 마음을 알아줘서 고맙나는 말이있을 거다. 니는 오늘도 유니폼을 갈아입고 신발을 바꿔 신는다. 병실을 돌며 한 분 한 분 마음에 담으며 눈에 보이는 것과 어딘가에서 신호를 보내고 있을 마음의 주파수를 찾아 나선다.

꽃밥
만드는 시간

 요양 병동의 저녁 식사 시간이다. 내가 근무하는 병동은 콧줄을 통해 유동식 식사를 하는 분들이 많다. 식사를 두 번에 나누어서 준비하는데 먼저 스스로 음식을 씹어서 삼킬 수 없는 위관 영양 환자들의 식사가 시작된다. L-튜브, 즉 콧줄을 통해 모든 영양을 공급하는 환자들부터 식사를 챙긴다.

 유동식 식사 시간에는 준비에서 끝날 때까지 잠시도 마음을 놓을 수 없다. 환자의 상태에 따라 유동식의 양과 내려가는 속도의 완급을 조절해야 한다. 콧줄이 빠지지는 않는지, 속도가 빨라 기침이라도 하지 않는지, 침상을 오가며 챙길 것이 하나둘이 아니다. 잠시 한눈을 팔기라도 하면 돌이킬 수 없는 일을 겪기도 한다.

 침상에 누워 콧줄을 통해 들어오는 음식을 먹을 수밖에 없는 그들의 처지는 또 어떤가. 노환, 예기치 못한 사고, 삼킴장애, 피치 못할 이유로 콧줄을 할 수밖에 없다. 어쩔 수 없이 누워 있는 현실을 받아들였다 해도 그 누구도 진정 원하던 일이 아니었을 거다. 말 못 하고 현실을 받아들여야 하는 마음을 짐작이나 할 수 있을까.

 아무 말 없이 누워 있어도 식사를 준비하는 사람의 정성 가득한 마음은 전해질 거라 믿는다. 그래서 나는 수시로 그들에게 말을 건넨다. 처치하는 동안 보통 사람들과 다를 바 없이 대하며 모든 과정을 비교적 상세하게 설명한다.

"어머님, 식사 들어갑니다. 맛있게 드세요."

"아버님, 식사 끝나고 물 들어갑니다."

한두 마디 인사를 건네며 안색을 살필 때 편안해 보이는 것은 나만의 착각은 아닐 것이다.

유동식 환자들이 식사할 때 올려놓은 침상을 내리고 나면 어느새 일반식 식사 시간이다. 스스로 음식을 삼킬 수 있는 분들의 식사에는 본격적인 수발이 필요하다. 요양병원이다 보니 스스로 식사를 하는 분들보다 수발이 필요한 분들이 대부분이다. 저 멀리서 식판을 담은 이동차가 올라오는 소리가 들리면 위생 장갑을 끼고 제각기 맡은 환자의 자리로 간다.

일반식을 하는 이들의 식사는 경식과 연식으로 나눈다. 노환으로 기력이 쇠잔해진 분들이 드시는, 새료를 다져서 만든 것은 경식이다. 그보다 조금 더 저작과 소화 능력이 떨어지는 분들이 즙을 내어 드시는 것이 연식이다. 병세가 호전되어 유동식에서 연식으로 또 경식으로 바뀌는 분도 있다. 퇴원하거나 처치에 따라 다른 병동으로 가게 되면 식사 수발하는 분들의 숫자는 줄어들거나 늘기도 한다.

소화기에 큰 이상이 없는 분들이니 식사 때를 배꼽시계의 감으로 아는 모양이다. 침상을 세우고 자리에 앉히면 얼굴에 화색이 돈다. 엘리베이터가 열리는 알림음이 울리고 드르륵거리는 배식차 소리가 들리면 귀를 쫑긋 세우고 자세를 고쳐 앉는다. 병실로 하나둘 식판이 들어오면 입에 군침이 돌아서 침 삼키는 소리가 들린다.

목에 턱받이를 두르고 밥을 기다리는 분들의 모습은 어린아이와 다를 바 없다. 어서 빨리 밥을 달라는 눈짓을 보낸다. 식판을 자리에 올리면 손으로 끌어당기려 하는 분도 있다. 우리가 수발을 들어야 하는 환자는 비교적 가벼운 증세부터 중증에 이르기까지 정도에 따라 다양하다. 맞춤 수발을 해야 한다. 잘게 부수거나 즙을 내어서 만든 반찬이 작은 종지기에 담겨 나오면 나는 입맛을 돋울 방법을 궁리한다.

오늘은 하얀 미음 위에 즙을 낸 반찬을 한 숟갈씩 올려 꽃 그림을 그린다. 당근즙으로 붉은 꽃잎을 그리고 호박 나물을 갈아서 만든 반찬으로 초록 이파리를 만든다. 잘게 다진 김은 검정 씨앗이 된다. 한 송이 꽃이 밥그릇에 담겨 있다.

"꽃밥이다."

환한 표정을 지으며 입맛을 다시는 어르신에게 꽃밥을 한 숟가락 떠서 건넨다. 꽃잎 한 숟갈 씨앗 한 숟갈 드리다 보면 그릇은 어느새 바닥이 드러난다.

처음에는 천천히 씹고 천천히 삼키는 어르신들과 보조를 맞추기 위해 한 숟갈 드리고 나서 기다리는 동안 심심풀이 삼아 한 일이다. 꽃 그림을 그려 가며 대화를 나누는 동안 식사량도 늘어 건강이 좋아진 분들을 보면 영양이 있는 음식을 즐겁게 먹는 것이야말로 약보다 좋은 보약이라는 생각이 든다.

마음을 다해 식사 수발을 하는 동안 내가 할 수 있는 한 최대한의 정성을 표현하고 싶었다. 으레 습관적으로 하던 일을 반복하는 동안 어르신들을 위하는 마음이 생겼다. 그 마음으로 정성을 다하게 되었다. 매 끼니 식사를 돕는 일은 예기치 못한 상황이 일어날 수 있기에 마음을 놓을 수 없지만 가장 보람을 느끼는 일이다. 다른 의료 처치보다 더 큰 의미를 두는 시간이다. "다 먹고살자고 하는 일인데 밥 먹고 합시다." 입버릇처럼 하는 말처럼 나는 먹는 일에 삶의 비중을 크게 두는 편이다.

간호사와 간호조무사, 요양보호사, 병동의 손이란 손은 모두 매달려 한바탕 전쟁 치르듯 긴장 속에서 식사 시간이 끝난다. 한 숟갈이라도 더 먹이려는 이와 도무지 식욕이 돋지 않는 이, 식사 습관을 잊지 않도록 스스로 먹을 수 있게 지켜보는 이, 한 차례 파도가 휩쓸고 가면 기진맥진하여 앉을 자리부터 찾고 싶다.

잠시 자리에 앉아 이런저런 생각에 잠긴다. 입안에 넣은 음식을 스스로 삼키는 일이 얼마나 큰 기적인지. 요양병원에 근무하기 전에는 낭연한 일로 일있다. 중환자실에 근무하기 전까지는 밥을 먹고 몸을 씻고 옷을 입고 단장을 하고 스스로 본 용변을 처리하는 일들도 당연한 것으로 알았다. 아침에 일어나 눈을 뜨고 맞이하는 일상의 모든 일은 병상에 누워 지내는 이들이 바라는 큰 기적이었다.

세상과 부딪히고 사람과 사람 사이에서 부대끼는 모든 것이 살아 있음의 증명이다. 병원에서 근무하고 나서 작은 것 하나도 예사로 보이지 않는다. 나에게 주어진 모든 것에 감사하게 되었다. 불평하고 불만이던 모든 것을 '꽃밥'을 만들고 버무리듯 마음을 다하자, 스스로 다독인다.

오늘도 나에게 주어진 날들을 소중하게 맞이한다. 마음먹기에 따라 복잡하고 힘든 일도 즐거운 놀이로 바뀐다. 정신없이 한 끼를 해결하는 식사 시간이 '꽃밥 만드는 시간'으로 바뀌니 마음 부대낄 일이 없다. 남은 나의 삶도 정성을 다해 꽃밥을 만드는 마음으로 살리라 다짐한다.

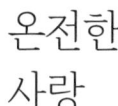

온전한 사랑

 멀리 있는 아이와 통화했다. 주말이면 챙기는 아이의 안부 전화였다. 아이의 전화 목소리에서 말하지 못하는 여러 가지를 추측하려 애쓴다. 집을 떠나 기숙사에서 공부하던 아이들이 전화를 걸어 오면 목소리의 떨림이나 톤에도 신경이 쓰인다.

 아이가 보내는 신호를 알아챌 때는 문자로 몇 자 덧붙이기도 하고 편지를 쓰기도 한다. 한참 시간이 지나고 아이들은 그때 어떤 일로 힘들었는데 엄마가 해 주는 말을 듣고 위로가 되었다고 말할 때도 있다. 돌이켜 보면 아이보다 엄마의 마음을 다잡고 다독이는 말이다. 학업이든 군대든 아이와 처음 떨어진 엄마의 마음은 비슷할 거다. 매 순간 아이의 안위를 기도한다.

 언양에서 수필을 공부할 때 첫 수업 시간에 강사는 아들 군대 보낸 얘기는 똑같으니 쓰지 말라고 당부하였다. 당부에도 불구하고 아들을 둔 엄마 작가들은 써 왔다. 어김없이 대동소이하고 어김없이 다른 이의 글에도 눈물짓는다. 어쩔 수 없다. 그래도 엄마들은 쓰고 싶다.

 돌이켜 보면 나 역시 부모님과 처음 떨어져 지내던 때가 있었다. 고등학교를 졸업하고 부산으로 와서 대학교에 다닐 때였다. 주기적으로 전화를 걸거나 편지를 써서 안부를 전했다. 낯선 타지 생활이 힘들거나 진로에 대한 고민거리가 있을 때는 평소와 다르게 연락을 잘 하지 않았다. 집에 돌아가서 쉬고 싶거나 하소연하고 싶은 마음이 간절해도 행여 힘든 마음이 들키지나 않을까 약해지는 마음을 다잡았다. 속을 끓이던 일이 해결되고 마음의 안정을 되찾은 후에야 수화기를 들었다.

그래서인지 나는 아이들과 통화할 때 유독 목소리에 신경을 쓴다. 목소리를 들어 보면 아이들이 어떤 기분인지 무엇 때문에 전화했는지 전화기 너머로 어렴풋이 전해진다. 지금은 직장 생활로 타지에 있으니 목소리에서 말하지 못한 힘든 일이나 마음을 읽어 내려 노력한다. 그러다 문득 오래전 어머니도 타지에 어린 딸을 보내 놓고 모든 촉각을 세웠을 거란 걸 뒤늦게 깨달았다. 수화기 너머 혹은 문상의 행간 너머의 나를 읽어 내셨을 거다.

나는 형제 중에 중간이다. 그 틈에서 무슨 일이든 스스로 해결하고 씩씩하게 자랄 수밖에 없었다. 그래서인지 부모님에게 나약함을 보인다는 게 어색하고 낯설었다. 그때는 막연하게 어머니는 나보다 오빠들, 언니, 동생들 챙기느라 내 걱정은 그리 하지 않을 거라 여겼다. 나 하나라도 걱정을 덜어 드려야겠다는 야무진 마음도 있었다.

자식 낳아 보면 부모 마음 안다고 하더니 옛말이 틀린 게 아니었다. 열 손가락 깨물어 안 아픈 손가락 없다는 말, 깨물지 않아도 부모 마음 안에는 자식을 품은 마음의 방이 똑같은 크기로 존재한다는 걸 이제는 안다. 자식이 아무리 많다고 한들 자식 사랑하는 마음은 나누어지는 게 아니었다. 나에게 주어지는 부모님의 사랑은 오롯이 온전한 내 몫이었다. 온전한 사랑은 내가 아이를 낳아 기르다 보니 알게 된 진실이다.

 96세인 할머니와 있었던 일이다. 집에 계신 친정어머니보다 열 살이 많았지만 누워 계신 모습을 보면 어머니가 떠올라 자주 챙겨 드리던 분이다. 고령에도 스스로 밥 먹고 양치한다. 의사 표현도 정확하다. 인지를 측정하는 MMSE 검사는 정상 범주에 속한다. 건강한 정신과 달리 스스로 거동이 힘들 정도로 신체 기능이 떨어져 요양병원에 입원했다. 마르지 않은 큰 체구에 사실을 살짝 비트는 농담을 잘하고 여러모로 풍기는 느낌이 어머니와 닮았다.

 틈이 날 때마다 발길이 그리로 향했다. 혈압을 재고 체온을 기록하며 산소포화도를 측정한다. 활력 징후가 정상이라며 150살까지 사시겠다는 농담을 건넨다. "너무 오래 살았다, 부처님 어서 데려가세요, 관세음보살." 주문을 외운다. 개똥밭에 굴러도 이승이 좋다지만 할머니는 그냥 하는 말이 아니라 말투와 표정에서 오래 살아 걱정이라는 진심이 묻어난다.

 주말에 식사 수발할 때였다. 몇 숟갈 뜨고 그만 먹겠다고 입을 꾹 다물어 실습 온 학생이 애를 먹었다. 몇 술이라도 더 뜨게 하려고 이리저리 꼬드겨도 통하지 않았다. 전해 들은 바에 의하면 할머니에게 아들이 있는데 코로나 이전에는 자주 찾아와서 얘기를 나누다 돌아갔다 한다. 코로나 전파를 우려해서 병원에서 면회를 금지하니 아들이 오는 주말경에는 우울해하며 밥을 거의 안 드신다는 거다. 나 역시 군대에서 코로나로 외출이 막힌 아들을 걱정하던 터라 할머니의 마음이 내 마음 같아서 더 안쓰러웠다.

그 후 몇 주가 지나고 이야기를 나누다 보니 며칠 뒤면 할머니의 생일이라는 걸 알게 되었다. 제일 먹고 싶은 게 무어냐고 물었다. 아무것도 먹고 싶지 않다더니 재차 물으니 사과 주스라고 했다. 마음 같아서는 케이크에 초라고 꽂아 드리고 싶었지만 다른 환자들과 공평하지 않을 수도 있고 병원에서 챙기는 행사도 있었다. 무엇보다 실습생이 규정에 없는 일을 하는 건 여러 사람을 불편하게 하는 일이다. 밖으로 나가 사과 주스 하나 사서 드렸다. 물론 선생님께 여쭈어 보고 허락을 받은 후였다.

심리 상담에서 전이와 역전이를 공부하며 내담자와 상담자의 거리에 대해 고민한 적이 있다. 의식하지 못한 사이에 할머니와 나는 자식과 부모로서의 전이가 일어났고 나 역시 친정어머니와 동일시하게 되고 또 자식을 그리는 엄마의 입장으로 역전이의 경계를 넘나들고 있었다. 저녁 시간과 주말에 근무하는 나에게 유독 여러 가지 요구를 하기 시작했다.

일주일 정도 지난 후 주말에 할머니는 아들을 불러 달라며 직원들을 호출했다. 이미 아들과 통화를 했고 멀리 있어 오기 힘드니 월요일에 들르겠다는 말을 들은 후였다. 틈만 나면 나를 불러 일요일에 뭐 하느라 안 오냐고 아들에게 전화를 넣으라고 성화였다. 손이 부족한 병동이라 쉴 틈 없이 쫓아다니느라 땀을 뻘뻘 흘리고 있을 때였다. 게다가 하나라도 놓치지 않으려고 종종걸음 치는데 불러 대니 여간 성가시지 않았다.

얼마 후 이내 할머니는 조용해졌다. 내가 꾀를 내어 지어낸 이야기 덕분이다. "금방 전화드렸더니 울릉도에 있대요. 비바람이 쳐서 뱃길이 막혔대요. 오늘은 못 온답니다. 엄마가 마음 편히 계셔야 아들도 편안한 마음으로 볼일을 보지 않겠어요? 이리 아들을 찾으시면 일이 손에 잡히겠어요? 월요일까지 비바람이 그치기를 기도하며 기다려 봐요." 도리 없이 거짓말까지 하고 나서야 고개를 끄덕이며 잠잠해지셨다. 칠십이 넘은 아들을 애타게 부르던 할머니도 아들의 주말을 방해하지 않으려고 스스로 마음을 추스른 모양이었다.

월요일에 아들은 할머니를 만나러 왔다. 잠깐이었지만 아들의 무사를 확인하고 안도하였는지 한동안 편안해 보였다. 그동안 아들에게 부담이 될까 꾹꾹 참아 오다가 주말이 되면 볼 수 있겠거니 했는데, 몇 번의 주말이 지나도 오지 않으니 속이 타셨을 거다.

며칠 후 할머니는 세상을 떠났다. 할머니를 속여서 마음이 켕겼으나 선의의 거짓말이니 할머니도 용서하시리라. 그때의 내 마음은 아들이 어디서든 편하게 일을 보았으면 하는 어머니의 마음이었고, 어머니가 잠시라도 자식 걱정 없이 편히 계시기를 바라는 아들의 마음이었다.

참을 수 없는
존재의 가려움

    실습생들이 하는 일은 정해진 것이 없다. 유동식 환자들의 식사를 마치고 다음 날 먹을 식사를 온열기에 정리해 놓는 일도 실습생이 할 일이다. 일반식 21개 당뇨식 16개 화이바 12개를 꺼내어 온열기에 넣는다.

    어떻게 정리해야 할지 잠시 고민하다 다음 날 가위로 자르기 쉽게 끝을 날렵하게 뺀다. 세 종류의 팩을 간격과 줄을 맞춰 가지런히 세워 놓는다. 다음 날 식사를 준비하는 분들이 꺼내기 편리하도록 나름 신경을 쓴 거다. 내 손길이 스쳐 잘 정돈된 것들을 보면 흐뭇하다.

    주변을 정리해 놓고 온열기 옆의 환자를 보는데 눈에 띄게 거슬리는 무언가를 발견했다. '눈썹이다.' 새까맣고 촘촘한 송충이 같은 눈썹 사이로 길게 삐져나온 몇 가닥이 눈에 거슬렸다. 속눈썹 아래로 내려와 자꾸 눈을 찌른다. 깜빡이며 누워 있는 그를 본 순간 '참을 수 없는'이 발동했다.

    중환자실에 있는 다른 환자들과 비교하면 그는 건강한 편에 속한다. 사물을 인지할 수 있고 눈짓 고갯짓으로 간단한 의사 표현은 할 수 있다. 실습생을 반기느라 불편한 손을 흔들어 주기도 한다. 한번은 수액을 맞다가 주삿바늘을 스스로 뺀 환자의 팔에서 피가 흐르는 것을 손짓 눈짓으로 알려 준 적도 있다.

짙고 긴 그의 눈썹이 산발한 채 사방으로 흩어져 있다. 흩어진 눈썹은 몇 가닥 속눈썹 위에 걸쳐 있었고 눈을 찌르는 것도 있었다. 나의 눈썹이 가려웠다. 실습을 시작하고 며칠 지나지 않았을 때라 분위기 파악하느라 눈치를 볼 때였다. 시키는 일 외에 무엇을 하면 되고 무엇은 하면 안 되는지 일일이 물어볼 때였다. 학원에서 배우기를 시키는 일 외에 함부로 행동하면 안 된다는 것이다. 무언가를 함부로 하지 못하니 눈썹조차 마음대로 자를 수도 없었다.

선생님들께 허락을 받고 자르자니 눈썹에 신경을 쓰는 나이 든 실습생의 철없음이 웃음거리가 될 수 있겠다. 그냥 넘기자니 그 '참을 수 없는' 때문에 내 마음이 가렵다. 사실 생사를 넘나드는 중환자들에게 눈썹은 사소하기 짝이 없는 신체의 한 부분일지도 모른다며 몇 번을 지나쳤다. 모른 체하고 넘어갔다. 문제는 볼 때마다 내 눈썹이 가려웠다.

누군가에게 조금씩 있다는 약간의 편집증적인 성미가 그날따라 유난히 발동했다는 건 아니다. 다른 문제였다. 코로나19로 인해 병실 방문이 금지된 상태였다. 가족들은 그런 환자의 상태를 볼 수 없다. 가족들이 그 모습을 보았다면 분명 가위를 빼 들었을 거다. 또 그분이 건강했더라면 저 눈썹을 그대로 두진 않았을 것이다.

나는 작고 소소한 일에 민감해질 때가 있다. 식탁 위에 놓인 수저의 가지런함이나 현관에 벗어 놓은 신발의 질서, 제자리에 꼭 있어야 하는 물건들, 아주 깔끔 대장은 아니나 생각지도 못했던 사소한 것들이 신경 쓰여 뇌리를 떠나지 않을 때도 있다.

어디서 생겨난 것인지 나도 모른다. 출근을 서두르다 미처 문단속을 하지 못한 일이 있을 때는 엘리베이터를 눌러 놓고도 다시 문을 열고 들어간다. 식기건조기에서 물기를 뺀 컵을 제자리에 올려놓고 오거나 공부방으로 들어가 읽던 책을 정리해서 책꽂이에 꽂아 둔다. 현관 앞 신발을 가지런히 정리하고 나서야 안정감을 느낀다.

일상생활 속에서 질서와 균형을 잡는 일은 수시로 나를 통제한다. 위에서 나열한 것들 외에도 몇 가지 더 있다. 신경에 거슬리는 게 떠오르면 다시 집으로 가서 가지런히 정리해 놓고 나와야 하루가 편했다. 이전 직장에서는 종종 지각했다. 자율적인 직장 분위기여서 문제되지는 않았지만 그런 이유로 지각하는지 누구도 짐작하지 못했을 거다.

그 버릇은 병원에서 근무하며 고쳐졌다. 그 이유는 나도 모른다. 시간 맞춰 출근한다. 오히려 한두 시간 일찍 출근한다. 집을 나와 병원 근처 카페에서 책을 읽거나 주변을 산책한다. 로비에 앉아 책을 읽으며 시간을 때울 때도 있다. 병원 근무가 적성에 맞는지 하루하루 출근길이 기다려진다.

'참을 수 없는 존재의 가벼움'과 '참을 수 없는 존재의 가려움'은 밀란 쿤데라가 말하는 가벼움에 대한 비슷한 결의 다른 이름이다. 《참을 수 없는 존재의 가벼움》은 밀란 쿤데라가 1984년에 발표한 소설이다. 1960년대 체코슬로바키아의 프라하의 봄과 소련의 침공으로 전개되는 1970년대 유럽의 역사를 배경으로 한다. 무거운 역사의 소용돌이에서 개인적인 삶의 고통을 겪는 네 남녀의 사랑을 보여 준다.

"역사란 개인의 삶만큼이나 가벼운,
참을 수 없을 정도로 가벼운,
깃털처럼 가벼운,
바람에 날리는 먼지처럼 가벼운,
내일이면 사라질 그 무엇처럼 가벼운 것이다."

역사는 역사대로 두 남녀는 남녀대로 무거움과 가벼움의 경계에서 사건을 일으키고 사건에 휘말린다. 무겁기만 한 테레자가 가볍기만 한 토마시에게 염증을 느끼고 그를 떠날 결심을 한다. 두 사람은 결국 내세 불가한 서로를 그리워하다 가벼움과 무거움의 경계도 모호한 접점이 사랑임을 깨닫고 서로를 선택한다. 테레자가 그를 자신의 세계에 두고 구속했다는 것을 느끼고 후회하는 장면이 인상 깊다.

밀란 쿤데라의 소설 제목에서 가벼움을 가려움으로 차용한 건 내용보다 제목이 주는 연관성 때문이다. 개인의 삶은 그리 가볍지도 그리 무겁기만 하지도 않다. 누군가에게 가벼울 수 있는 것들이 누군가에게는 존재의 무거움일 수도 있다. '참을 수 없는 존재의 가려움'은 나에게 무거움과 가려움의 그 중간 지점이었다. 생각이 거기까지 미치자, 나는 결심했다. 누구도 눈치채지 못할 때를 틈타 눈썹을 정리할 계획이었다.

그들은 삐져나온 눈썹의 존재에 대해 의식하지 못한다. 호시탐탐 눈썹을 정리하려고 가위를 꺼내 들 순간을 엿보았다. 병동 전체를 비추는 카메라가 곳곳에 설치되어 스테이션에서 볼 수 있었기에 환자

침대의 사각지대란 있을 수 없다. 허락을 받기에는 너무 사소한 일이어서 혼자 얼굴을 닦아 주며 슬쩍 정리하면 되는 일이었다.

비록 스스로 아무것도 하지 못하고 누워 있는 삶이나 그들은 단정한 용모를 유지할 권리가 있다. 아프기 전이라면 누구라도 자신의 모습을 그 상태로 두진 않았을 것이다. 이전 자신의 모습처럼 깔끔하게 정돈된 모습을 지켜 드리고 싶은 마음이 나를 지배했다. 미용사가 정리해 주거나 출근길에 부인이 잠시 서 보라며 작은 가위로 잘라 주었을 그 작고 사소하기 짝이 없는 눈썹이었다.

기회가 왔다. 점심시간이 되어 선생님들은 식당으로 가지 않고 휴게실에서 식사하고 있었다. 환자의 물품을 정리하다가 "눈썹 정리해 드릴까요?" 물었다. 그는 반가운 듯 눈을 깜빡였다. 주저 없이 주머니에서 손가위를 꺼냈다. 몇 번의 가위질로 삐져나온 눈썹의 길이를 가지런히 자르고 숱을 쳐냈다. 물티슈를 꺼내 얼굴에 날린 눈썹을 떼어 냈다. 가위에 묻은 눈썹을 티슈로 닦아 내고 가위를 주머니에 넣었다.

가위질 몇 번에 말끔해진 모습은 알랭 들롱이 따로 없다. 거울을 보여 드리고 마음에 드냐고 물으니 고개를 끄덕였다. 표정이 밝다. 그는 조금 덜 불편한 손을 들어 엄지를 세웠다. 감사하다는 인사였다. 그의 입가에 미소가 번졌다. 병상에 누워 있어도 만나는 이가 없어도 가지런한 눈썹이 간절했을 거다. 나는 늘 하던 대로 서랍을 정리해 주고 나왔다. 더는 눈썹이 가렵지 않았다.

내가
거들게

   가는 빗줄기가 창을 때린다. 천둥 번개를 이끌고 밤새 세상을 향해 내리꽂던 빗줄기가 새벽녘에야 주춤거리며 잦아들기 시작했다. 비에 젖은 백양산은 옅은 미명未明에 있다. 장마가 한동안 이어질 거라는 소식에 가라앉아 있는 마음을 추슬러 노트북을 연다. 어젯밤 쓰다 만 원고 위의 커서가 깜빡거리며 나를 재촉한다.
   커피를 내리고 책상에 앉는다. 바탕화면에 깔아 놓은 무수한 파일들을 본다. 대부분 떠오르는 생각을 옮겨 적거나 구상한 소설을 휘갈겨 놓은 원고들이다. 비록 거칠지만 내 삶의 발자국을 따라 한 자 한 자 새겨진 글은 곧 한 편의 소설이 되고, 수필이 되고, 시가 될 준비를 마친 상태다. 다듬고 재구성할 일이 남았다. 자투리 시간을 이용해 글을 쓰다 보니 조각천을 붙이듯 겨우 한 단락 두 단락 다듬어 가는 형편이니 앞으로 갈 길이 까마득하다. 어제의 일을 복기하며 자판에 힘을 싣는다.
   아침에 일어나서 하는 일들은 거의 매일 비슷한 과정의 반복이다. 하루를 열기에 앞서 실행하는 나만의 루틴이 있다. 십여 년 가까이 반복하다 보니 이제는 그 일을 하지 않은 날은 허전하고 뭔가 잘못된 것 같아 어색하다.
   글을 쓸 때도 나만의 루틴이 있다. 그 일은 글쓰기가 시작됨을 알리는 명령어이다. 잠들어 있는 나를 깨울 나만의 첫 번째 버튼은 새벽에 눈을 뜨자마자 커피를 내리는 일이다. 잠든 시간에 따라 조금씩 다르기는 하나 새벽 한두 시에서 새벽 네다섯 시 사이에 대중없이 눈을 뜬다. 일찍 잠든 날은 한 시에 일어나고 늦게 잠든 날에는 네 시쯤에 일어난다.

커피를 마시며 책상에 앉는다. 몰입해야 할 글이 있으면 음악을 듣는다. 음악은 매번 다르지만 주로 잔잔한 클래식이다. 어떤 날은 조용한 분위기에서 생활의 소음을 듣거나 책상 주변을 정리하며 분위기를 만든다. 오늘처럼 비가 내리는 날이면 앞창에 흘러내리는 비의 무늬를 보며 빗소리를 듣는다. 축축해지는 감성을 따라 새로운 글을 구상하기도 하고 오래된 파일을 펼쳐 다듬기도 한다.

또 하나는 걷는 것이다. 평소에도 혼자 걷기를 좋아해서 매일 백양산을 오르다시피 하였다. 병원에 취업하고 나서 근무에 적응해 나갈 때 가장 먼저 소홀히 했던 것도 걷기였다. 병원에서 바삐 움직이다 보면 만 보를 훌쩍 넘길 때가 대부분이다. 딱히 걸을 이유가 없지 싶었다. 어쩌다 쉬는 날이나 몸 상태가 좋은 날에도 걷기 위해 시간을 내는 일은 마음처럼 쉽지 않다.

걸을 때는 오롯이 하나의 화두만 생각하며 걸음을 옮긴다. 비 내리는 날이나 바람 부는 날에도 걸었다. 일상으로부터 차단된 에너지는 화두에 집약되어 생각을 원하는 곳으로 이끌었고 다음 단계 또 다음 단계로 성장시켰다. 매일 같은 시간에 같은 거리를 걷는 동안 나는 조금씩 달라졌다. 일 년 정도 지난 후, 뒤돌아보니 꽤 많은 일을 마무리했음을 깨닫고 걷기 명상을 시작한 나의 루틴 덕분이라 생각했다.

비가 내리는 날에는 우산으로 떨어지는 빗소리를 들으며 먼지를 벗고 제 빛깔을 드러내는 나뭇잎들을 보며 걷는다. 자박거리는 흙길을 걸을 때는 아이가 된 것처럼 즐겁다. 땅에 뿌리를 단단히 내리고 바람에 이리저리 몸을 맡겨 태풍과 함께 여름을 나는 나무들을 볼 때는 사람의 일생도 저러지 싶어 가슴 뭉클하다. 태풍이 지나간 자리에 잎을 떨구고 언제 그랬냐는 듯 꼿꼿한 나무들의 지침을 들을 때는 단단히 마음을 추스르게 된다.

예부터 우리는 비를 간절하게 기다렸다. 오랜 가뭄으로 땅은 바싹 마르고 백성의 탄식이 깊어질 때면 기우제를 지냈다. 좋은 날을 받아 제단을 차리고 제수 음식을 준비한다. 의관을 정제하고 하늘에 비를 내려 주십사 기도한다. 하늘만이 할 수 있는 일이다. 대부분의 기우제는 성공적이다. 비가 내릴 때까지 지내기 때문이라는 우스갯말도 있다.

비는 좋은 소식을 몰고 온다. 기다리던 소식을 들은 날도 기록적인 폭우가 쏟아졌다. 빗물이 잘 빠지는 옷과 신발로, 온몸을 가릴 수 있을 만치 폭이 넓은 우산으로 무장하고 비바람 맞으며 병원으로 향했다. 병원에 도착하니 전신이 흠뻑 젖어 있었다. 편의점에서 양말을 사서 신고 유니폼을 갈아입고 병실로 향했다.

비가 내릴 때는 병실 안에도 비가 내린다. 추적추적 감기는 감정들이 병실 곳곳에서 묻어난다. 온몸이 쑤신다며 통증을 호소하거나 노곤하게 주무시거나 날씨에 따라 감정의 기복이 달라진다. 쉬지 않고 혼잣말을 하며 배회하거나 평소와 다른 모습을 보이는 분도 있다. 그럴 때는 덩달아 울적하다. 평소 같으면 흥을 돋우거나 다독거릴 일에도 크게 응수하지 않고 단답형이 되거나 건네는 말수도 줄어든다.

병실을 돌며 업무를 처리하고 있을 때 공모전에 제출한 작품이 당선되었다는 전화를 받았다. 한동안 침체기에 있을 때라 크게 기대하지 않았고 뭐라도 해 보자는 심정으로 응모했던 터였다. 기대 이상의 소식에 신이 났다. 그러다 문득 매일 눈 맞추고 마주 앉아 짧게나마 얘기를 나누던 분들에게 가지 못했다는 생각이 들었다.

차례로 침상을 돌며 한 분씩 얘기를 나누다 한 할머니 옆으로 갔다. 평소 같았으면 그 할머니 옆으로 자주 갔을 텐데 날씨 탓인지 혼잣말을 하고 있어서 하던 일을 계속했던 터였다.

"언제 왔더노. 네가 안 와서 자꾸 찾아 봤는데도 없더라. 금방 목소리가 들려서 보니 네가 오네. 잘 왔다. 네가 안 그러는데 내가 먼저 그럴 수 있나. 네가 먼저 해야지."

뜬금없이 던지는 말이 앞뒤 맥락이 맞을 리 없지만 듣다 보면 말이 안 되는 건 아니다.

"할머니, 혼자 잘 놀고 계셔서 다른 일 해 놓고 왔지요."

"그래, 마지막으로 됐으니 이제 됐다. 내가 거들게. 네가 먼저 나서서 해야 나도 거들제. 네가 가만히 있으면 내가 거들 수 있나."

진지한 표정을 지으며 내가 거들게, 하는 말을 연발하시니 오늘 내게 일어난 일을 알고 하는 말씀인가 착각이 들 정도였다. 대화를 곱씹어 보면 약간의 치매 증상이 있는 분의 말이라고 믿기지 않을 정도로 구체적이었다. 또 마음 한편으로는 누군가 거들지 않고 일어나는 일은 없나 보다 싶었다. 저리 누워 계신 분이 거든다고 하니 내심 든든하기까지 했다.

게다가 그 무렵 모 기관에서 주는 창작지원금을 받아서 출간 준비로 바쁠 때였다. 묵혀 두었던 원고를 꺼내 들고 열심을 내고 있을 때 다른 좋은 소식이 날아들었던 거다. 이 할머니가 뭘 좀 아시나, 혼잣말하며 다짐을 받아 두었다.

"할머니, 거들어 준다고 약속했지요. 할머니만 믿고 열심히 할게요."

"그래, 네가 한다 해야지. 내가 먼저 나설 수는 없다 아이가. 나도 거들 테니 너도 열심히 해 봐라."

할머니와 나는 주먹을 쥐고 파이팅을 외쳤다. 휴게실에 앉아서 담소를 나누던 선생님들은 또 시작이다 싶은지 웃으며 보고 있었다. 할머니의 응원에 기운이 났다. 뒷배가 되어 준다니 얼마나 든든한가. 비록 말의 정확한 의도와 의미를 헤아리기 어려운 치매 할머니의 말씀이지만 얼마나 내가 듣고 싶었던 말인가. '내가 거들게' 이 말에 기대서라도 힘을 내야겠다는 다짐을 했다.

나는 매일 그 말을 되뇌며 힘을 내고 또 하루를 마감했다. 비가 내리는 날이면 뒷배가 되어 준다던 할머니 생각이 난다. 그 말 덕분인지 믿는 구석이 있어서인지 요즘 나는 더는 조바심 내지 않고 서둘지 않고 욕심내지 않는다. 천천히 나의 길을 걷고 있다.

노트북에서 눈을 떼고 백양산을 바라본다. 나무들이 제 모습을 드러낸다. 봄이면 하얀 꽃을 주렁주렁 매다는 아까시나무, 빨간 꽃을 터트리는 동백나무, 연분홍 벚꽃을 터뜨리는 벚나무, 비에 젖어 한층 더 짙은 빛깔이다. 파일을 저장하고 종료 버튼을 누른다. 이제 그들을 만나러 가야 할 시간, 오늘도 우산을 챙겨 집을 나선다.

구르미 그리메

그녀가 고개를 움직여 바깥을 본다. 녹음이 우거진 황령산 자락이 그림처럼 펼쳐져 있다. 서서히 어둠이 걷히는 새벽녘 바깥 풍경을 보는 여인의 눈은 생기를 띤다. 하늘과 맞닿은 산봉우리에서 천천히 일어나는 해의 기립은 웅장하다. 세상 만물이 일제히 제 모습을 드러낼 때까지 눈을 떼지 못한다.

창문 밖은 밤새 폭풍우에 시달리다 잠시 소강상태에 들었다. 해바라기가 해를 향하듯 여인의 눈동자도 햇살을 따라 움직인다. 햇살을 듬뿍 묻혀 세상에 내놓은 것들을 보는 시간이다. 침대가 올라가 있는 짧은 시간 동안 그녀가 보고 싶은 바깥을 볼 수 있다.

고개를 돌려 길 건너편을 바라본다. 흘림체로 그린 듯 적어 내린 고시원 간판과 부자전당포 글자가 눈에 들어오면 누 눈은 너 반짝인다. 그 아래 요양보호센터와 자유 시민 연대, 빛바랜 글씨의 간판이 있다. 간판 아래 놓은 작은 의자에 그녀의 힘없는 시선이 앉는다.

기다리던 사람이 창밖에 있다. 그는 열린 창문으로 그녀의 모습을 하염없이 바라보며 서 있다. 좀 더 자세히 보고 싶어 의자에서 일어났다. 둘은 서로를 보고 있다. 코로나19로 요양병원 방문이 금지되었다. 그는 한없이 기다리고 있을 아내가 염려스럽다. 그의 미움이 번해서 오지 않는 긴 이일까. 그녀가 오해는 하지 않을지. 오늘도 그는 거리에 서서 그녀의 침대가 있는 창문을 본다. 아내가 오늘은 안녕한지, 안부를 확인한다.

천천히 침대가 내려가고 그녀는 안으로 시선을 돌린다. 환하게 불 밝힌 병실에도 아침 기운이 서서히 번진다. 밤 근무를 마치고 퇴근하는 사람들, 낮 근무를 위해 출근하는 직원들이 교대하고 서로 인사 나누는 소리가 들려온다.

그녀는 누워서도 생각한다. 그다지 고급스럽지 않은 간판의 글자들, 그 앞에 서 있던 남편의 얼굴을 떠올린다. 누구보다 마음 편하게 해 주었던 남편이다. 부부라기보다 사이좋은 오누이처럼 다정했던 한때를 떠올린다. 그날 사고가 없었더라면 아직 단란한 시간을 보내고 있을 텐데 기억은 늘 그날 사고 현장으로 가 있다. 애써 지우려 해도 다시 그 자리다.

갑자기 비 떨어지는 소리가 들린다. 장마가 물러갔다는 뉴스 보도와 달리 아직 장마의 꼬리가 덜 말랐나 보다. 자리를 떠나지 못하던 그는 몸을 피할 생각이 없다. 몇 걸음 뒷걸음쳐 벽에 붙어 선다. 손바닥만 한 처마에서 비를 피한다. 다리를 적시는 비를 보며 주머니에서 핸드폰을 꺼내 병원으로 전화를 건다.

"207호 김순희 씨 보호자예요. 침대 옆 창문이 열려 있어요. 문 좀 닫아 주세요."

나는 달려가 창문을 닫는다. 창밖을 내다보니 그가 서 있다. 눈인사하고 돌아서니 그녀의 호흡이 가쁘다. 석션기의 스위치를 켜고 가래를 뽑아낸다. 상두대 위로 눈길이 머문다. 질서 없이 어질러져 있다. 갑 티슈, 물티슈, 욕창 예방 파우더, 물통, 제자리에 두고 주변을 물티슈로 닦아 낸다.

두 사람의 사고에 대해 직원들이 나누는 얘기를 들었다. 여행을 갔는지 어디를 갔다 오는 길이었단다. 늦은 밤 남편이 운전하고 아내는 옆자리에 잠들어 있었다. 졸음이 몰려들었으나 조금만 더 가면 집에 도착하니 졸음을 참으며 쉬지 않고 달렸다. 그때 갑자기 교차로를 넘어오던 트럭과 부딪혔다. 피할 수도 없었던 그와 아내는 크게 다쳐 오래 입원했다. 다행히 남편은 회복이 빨라 퇴원했으나 어떻게 사고가 났는지 전혀 기억나지 않는다.

요양병원은 연로하고 아픈 분들이 오는 곳이라 알고 있있는데 사십 대의 여인이 있었다. 어쩌다 젊은 나이에 저렇게 되었나, 안타까운 마음에 자주 그곳으로 가서 돌보곤 했다. 뺑소니 교통사고를 당하고 머리를 다쳐 거의 모든 신체 기능을 잃었다. 의학 기술을 동원해도 지금의 상태가 최선이라 요양병원으로 왔단다.

의술보다 인술이라는 말이 있다. 이곳에서 일이니는 변회무쌍한 일들보다 그 일들로 인해 일어나는 심리적 갈등과 감정의 변화가 더 크게 다가오기도 한다. 조금 더 마음을 써서 세심하게 환자를 대하는 일은 어설프게 배운 기술보다 나을 때가 있다.

내가 말을 건네면 눈을 맞추고 가끔 웃어 주는 그녀가 원하는 것을 해 주고 싶었다. 수시로 그녀 옆으로 가서 가래를 빼 주고 눈곱 낀 눈과 땀으로 범벅이 된 얼굴을 닦아 주었다. 그녀의 몸이 굳어 가는 것을 방지하느라 몸에 댄 것들과 손이 굳어 가는 걸 막기 위해 끼워 놓은 것들이 빠져나오지 않도록 자주 갈았고 테이프로 고정했다.

그날도 그녀 곁에서 소소한 것들을 챙기고 있었다. 그때 간호사가 옆으로 왔다. 밖에 비가 내리니 창문을 닫으라고 했다. 알고 보니 그녀의 남편이 전화로 비가 내리니 아내의 침대 옆 창문을 닫아 달라고 부탁했다는 거다. 그녀의 집이 병원 가까이에 있어서 남편은 창가에서 수시로 아내를 올려다보며 서 있다가 돌아간다는 말을 덧붙이며 여인의 사연을 말해 주었다.

창가로 갔다. 가는 비가 내렸으나 물기를 가득 머금은 하늘은 금세 큰비라도 토해 낼 듯 시커먼 먹구름을 몰고 다녔다. 무더기무더기 흩어져 있던 잿빛 구름이 바람 따라 이리저리 흩날렸다. 길 건너 건물 앞에 우산을 든 남자가 병원을 올려다보고 있었다. 그녀의 남편이었다.

"밖에 남편이 와 있어요."

창을 닫고 침대를 올리며 그녀의 귀에 대고 속삭였다.

누구나 불시에 사고를 당하고 평범한 일상을 송두리째 빼앗길 수 있다. 새삼 사소한 일상의 일들이 소중하게 느껴졌다. 요즘 보기 드문 애틋한 부부의 사랑을 본 것 같아 가슴이 뭉클했다.

오늘도 그가 창밖에 서 있다. 그는 멍한 눈빛으로 하늘을 본다. 짙은 구름이 하늘에 떠 있다. 바람이 부는지 구름이 춤을 추듯 이리저리 구른다. 갑자기 사방이 환해지며 해가 얼굴을 내민다. 구름의 그림자가 그녀의 창가에 머문다. 그림자가 그녀의 남편일 수 있다면 잠시라도 창가에 머물러 그녀를 보고 갈 수 있으면 좋겠다. 나는 안타까운 마음에 하염없이 구름의 그림자만 보고 있다.

침대를 올려 그녀가 구름을 볼 수 있도록 해 주었다. 그녀는 가는 비가 빗금 치는 하늘을 올려다본다. 구름이 몰려들었다가 밀려가고 흩어졌다 다시 모여든다. 해가 떠오르자 구름은 서서히 사라지고 그림자도 점점 옅어진다.

시선을 거두어 방 안의 그녀를 본다. 입가에 엷은 미소 지으며 잠들어 있다. 그녀의 얼굴을 한동안 들여다보다가 침대를 내리고 이불을 덮어 주었다. 네모난 창을 비추는 햇빛 사이로 머물던 구름이 길게 그림자를 드리운다. 방 안에 잠시 머물다 간다.

나는 두 사람의 사연을 듣고 어떻게든 두 사람이 만날 방법이 없을까 고민하였다. 창밖 나무의 그림자가 창가에 내려앉는 것을 보았다. 구름에 서로의 마음을 실어 만날 수 있으면 하는 바람이었다. 그때 언뜻 떠오른 제목이 '구름이 만든 그림자'였다. 이를 고어로 표현해 보았다.

집으로 돌아가 단숨에 초고를 완성하였으나 어쩐지 마음에 들지 않아 묵혀 두었다. 책을 엮으며 이제야 꺼내 본다. 그녀가 꿈속에서라도 남편을 만나 예전의 나날을 살아가기를 소망하며 그녀에게 이 글을 바친다.

✦ 휘파람

　어르신들이 요양병원에 입소하고 적응하기까지 많은 시간이 걸린다. 평생을 살던 집을 떠나 난생처음 낯선 곳에서 낯선 이들과 종일을 보낸다. 누구에게나 고된 하루가 될 것은 뻔한 일이다. 어제같이 내 공간에서 살다 아는 이 아무도 없는 낯선 곳에 버려졌다고 생각한다.

　입소 후 처음에는 식사를 거부한다. 잠을 이루지 못한다. 같은 방 어르신들과 어울리지 못하고 고립된 생활을 한다. 가끔 방 안의 어르신들과 마찰도 있다. 방 안에 함께 있는 분들이 이상하게 보이는지 커튼을 내리고 말 한마디 하지 않고 지낸다. 그런 경우를 더러 보았다.

　의식이 없어 이도 저도 모르면 이런 부분에서는 그나마 다행이다. 수발 없이는 생활하기 힘든 어르신들이 입원하게 되면 의지할 데라고는 병원 사람들뿐이다. 의사, 간호사, 간호조무사, 요양보호사, 이동을 도와주는 사람들 모두 그들에겐 낯설지만, 그들을 통하지 않고 해결되는 일이 거의 없다. 마지막 의지처이다.

　직원들은 타고난 깜냥 최대치의 마음을 낸다. 언제나 그런 마음으로 힘든 업무에도 웃으며 환자들을 대하지만 새로운 어르신들이 오면 오며 가며 더 자주 들여다본다. 그들이 적응할 수 있도록 도움을 주기 위해 한마음으로 노력한다. 여러 가지 요인에 따라 노년의 모습이 다소 차이는 있어도 누구에게나 공평하게 오는 노년의 삶이라는 것을 잘 알고 있기 때문이다.

제주의 어느 섬에서 살다 올라온 그녀가 도움을 요청하는 소리는 알아들을 수 없다. 손을 뻗으며 신음 같은 소리를 내뱉는다. 제주 사투리가 심해서 간병인과 의사소통이 안 되니 자녀들이 번갈아 가며 적응할 때까지 돌보기로 했다. 병실에 갈 때마다 들리는 제주도 사투리가 정답게 들렸다. 짧게 묻고 대답하는 정도지만 편안한 모습이었다.

어머니를 돌보러 온 그녀는 간이침대에 누워 있다. 천둥소리와 함께 번개가 연달아 치자 몸을 일으켜 창가로 간다. 시원하게 내리는 비를 보며 한동안 서 있다. 창을 때리는 빗줄기가 사선을 긋는다. 빗줄기가 스케치하는 방 안의 풍경이 창으로 보인다. 껍질 속으로 들어간 달팽이처럼 사람들은 이불을 둘러쓰고 곤히 잠들었다.

태풍이 기승을 부리는 통에 쉽사리 잠을 이루지 못하다가 겨우 새벽에 눈을 붙였지만, 다시 눈을 떠 보니 한 시간이나 지났을까. 잠을 포기하는 게 빠른 선택이라는 생각에 자리에서 일어났다. 수년간 그녀를 괴롭힌 건 불면증이다. 집을 떠나 병간호를 위해 병원에 와 있는 동안은 잠을 푹 잔다.

여자는 C시에서 제일 비싼 아파트에 산다. 자세한 사연을 말해 주지 않아 알 수 없으나 그곳으로 집을 옮기고부터 거의 잠을 이루지 못했다. 벽을 타고 울리는 빌딩풍이 마치 휘파람 소리처럼 들려 선잠을 깨고 일어나 멍하니 앉아 있곤 했다.

바람 소리는 어린 시절 소라껍데기를 입으로 불 때처럼 귓바퀴를 타고 올라와 머리를 울렸다. 휘파람 소리가 나선형을 그리며 달팽이

관을 통과하여 여자를 과거 속으로 데려가듯, 바람 소리가 아파트 벽 사이로 회오리를 일으키는 듯한 착각에 빠질 때면 여자는 파도의 소용돌이에 휘말리는 것 같은 어지럼을 느꼈다. 그런 날은 어김없이 불면의 밤을 보냈다.

아파트 외벽들 사이로 보이는 바다는 길게 서 있었다. 건널목 신호등은 지치지도 않고 빨간불 초록불이 교대로 켜졌다. 도시의 밤을 탐색하듯 바라보다 맞은편의 불 켜진 창가에 시선이 멈춰 섰다. 하나 남아 반짝이던 불빛은 기다렸다는 듯 꺼졌다. 세상은 한꺼번에 어둠 속으로 사라졌다.

빌딩 사이에 가려 가로로 서서 바다는 잠들었다. 세상을 삼키고도 천연덕스러운 바다였다. 침묵에 잠긴 바다는 한숨처럼 휘파람을 내뱉는다. 호이 호이잇, 휘요 휘요.

여자가 단발머리 소녀였을 적에는 풍랑이 일거나 태풍이 오는 날에는 수업이 끝나는 종소리가 울리기만 기다렸다. 물질하는 엄마가 바다에서 내뱉는 휘파람 소리가 들려오는 날이면 귀를 막아도 소용없었다. 엄마의 휘파람 소리가 유독 귓가를 울리는 날에는 배가 아프다며 조퇴를 하거나 핑곗거리를 만들어 집으로 돌아왔다.

수업 끝나고 친구 집에 가서 같이 놀기로 한 약속도 까맣게 잊어버렸다. 구불구불 휘어진 길을 뛰다시피 달렸다. 산허리를 깎아 길을 내어 빛깔이 희고 부드러운 흙이 떨어져 나온 산길을 지나 엄마가 있는 곳까지 한달음에 내달렸다. 비슷한 굽이를 몇 번 더 지나면 해녀들이 물질하는 곳이 보였다.

거기쯤에 서 있으면 철썩이는 파도 소리에 간간이 해녀들의 숨비 소리가 섞여 들렸다. 그날은 사람들이 웅성거리는 소리뿐이었다. 파도 소리에 묻혀 들리지 않을 거라고 애써 생각해도 그날따라 바다는 길게 드러누워 깊이 잠들었고 아무런 말이 없었다.

환청같이 들리던 휘파람 소리에 실금이 간 심장은 제멋대로 뛰기 시작했다. 미역처럼 길게 누워 있던 해녀는 동네에서 제일 키가 큰 여자의 엄마였다. 바다에서 몇 번의 죽을 고비를 넘겼던 엄마였지만 이번에는 거의 주검이 되다시피 해서 돌아왔다. 목숨을 건진 대신 청력을 잃었다.

엄마는 그 후로 물질을 하지 않았다. 그리고 엄마의 휘파람 소리도 더는 들을 수 없었다. 여자와 엄마가 대화를 나누는 것은 입 모양을 보고 대화를 하는 것이란다. 대개 엄마는 자신의 말을 하고 딸이 대답하거나 딸 역시 자신의 말을 하는 거란다.

하지만 어쩐지 그녀는 매일 휘파람 소리를 듣는단다. 여자는 어둠이 깊게 똬리를 튼 밤이 되면 창가에 서서 휘파람을 불었다.

비가 그쳤다. 젖은 창에 비친 방 안의 풍경이 마치 제주의 바닷가 같다. 바닷가에 앉아 있던 엄마와 동네 아낙네들, 물질 옷을 입은 모습이 꼭 껍질을 벗어던진 민달팽이 같았다. 여자는 입을 오므려 휘파람을 부는 시늉을 한다. 소리는 빌딩풍에 묻혀 이내 사라졌다. 건널목 신호등은 빨강에서 초록으로 바뀌고 있다.

표현하면 뭐 어때,
나니깐 괜찮아

 이 또한 지나가리라, 스스로 다독이며 일어난다. 저녁이면 과연 이 또한 지나갈까? 물음표가 용수철처럼 튀어 오른다. 동료들은 힘든 내색 없이 서로 격려한다. 마스크를 끼고 개인 방역을 철저히 지키며 평소보다 일찍 출근 도장을 찍는다. 어려운 시기를 맞닥뜨리니 뭉쳐야 산다는 말밖에 떠오르지 않는다.

 수입이 줄어도 살 만했던 건 두 아이가 독립할 즈음 살림 규모를 줄였기 때문이다. 아이들이 한창 자라는 중요한 시기에 닥칠지도 모를 위험에 대비하느라 무리해서 든 적금과 보험 몇 개 정리했다. 들어오고 나가고 아귀 빠듯한 살림이 힘들지 않았던 건 간간이 글쓰기와 글쓰기 강사로 들어오는 부수입 덕분이었다.

 올해는 사정이 달랐다. 지난해 끝 무렵 코로나 시대가 열리고부터 불안했던 우려가 현실이 되었다. 서로 만나기를 꺼리고 모임이 취소되어 몸도 마음도 위축되었다. 수입은 당연히 더 줄었다. 관공서와 공공기관의 강좌가 열리지 않으니 부수입은 기대할 수 없었다. 어렵게 개설한 부산대학교 평생교육원 강의는 정원이 차지 않아 폐강되었고 강사로 등록되어 있던 롯데백화점과 홈플러스도 사정은 비슷했다.

 미증유의 사태에 두 눈 똑바로 뜨고 뛰어야 한다는 이성적 판단은 섰으나 이미 치열한 삶에서 멀찍이 떨어져 있는 나로서는 마음 따로 몸 따로였다. 마음을 다잡아 봐도 도무지 치열할 수 없었다. 일주일에 한두 번씩 구두 굽을 갈던 바지런한 나의 한창때는 전설이 되어 버렸다.

상황은 더 심각해져 수입과 지출 아귀가 틀어져도 그 틈을 메울 묘수가 떠오르지 않는다. 속수무책만이 대책, 인생역전을 꿈꾸며 로또에 기대는 마음 잠시 일었으나 그간의 경험에 비추어 내 인생에 로또는 없다. 코로나 유감에서 코로나 우울로 세상은 앓기 시작했다. 코로나 블루, 코로나 위기, 코로나 분노, 패배감 짙은 단어들만 활개를 친다. 화풀이할 대상이 없는 시대 감정에 지배당한 야릇한 삶이 곧 끝나리라 믿으며 버텨 냈다.

코로나가 정점에 있을 때 부동산이 들썩였다. 서울 큰손들이 와서 집을 몇 채씩 산다는 소문이었다. 두 배씩 오르는 집값, 천정부지로 치솟는 집값을 보며 집 없는 이들은 허탈감에 휩싸였다. 영혼을 끌어모아 집에 투자하는 이삼십 대, '영끌'이란 신조어가 생겨났다. 집 없는 이, 부동산으로 시세차익을 본 이, 코로나는 벼락부자를 만들었고 동시에 벼락 거지도 만들었다. 누군가 코로나 시대에 있었던 일 중 부동산 시장의 파행적 흐름은 계층 간 사다리를 발로 걷어치 버린 일이라고 표현했다.

코로나 위기를 겪으며 생존권의 위기를 맞았다. 생존권은 내가 결정할 수 없는 일이 되었다. 생존을 지켜 나가는 데 자율적으로 결정할 수 없다는 사실에 더 좌절감을 느낀다. 한 푼 두 푼 모으며 내 집 마련을 꿈꾸던 이들은 하늘 높이 치솟는 집값 앞에 망연자실할 뿐이다. 상대적 박탈감은 무엇으로도 치유하기 어렵다. 억울함이 바깥으로 향하면 분노로 표출되고 내면으로 향하면 우울감이다. 안간힘으로 버틸 때는 힘내라는 말도 짐이 될 뿐이다. 만나는 이들은 우울감이 극에 달한 듯 보였다.

코로나가 끝나 갈 무렵 야외 모임이 허용될 때였다. 청탁받은 원고를 쓰기 위해 사상강변축제 현장에 나갔다. 축제 현장에 들러 경관을 스케치하고 행사 부스를 돌며 취재했다. 모처럼 허용된 야외 축제에 삼락생태공원은 사람들로 가득했다. 3년 만에 열린 행사에 내남없이 들떴다. 체험 부스에는 줄을 지어 기다리는 사람들로 북적였다.

'감정을 표현하는 네 컷 사진' 사상구 정신건강복지센터에서 운영하는 부스였다. 다른 곳보다 더 많은 이들이 번호표를 뽑고 순서를 기다리고 있었다. 가발, 안경, 장신구로 자신을 꾸밀 다양한 소품이 갖추어져 있다. 나는 순서를 기다려 왕관과 분홍 가발, 분홍 선글라스로 나를 꾸몄다. 웃고 찡그리고 화내는 네 장의 사진을 찍었다. 잠시 후 사진을 받았다. 사진 속 나는 승리의 브이를 그리며 활짝 웃고 있었다. "표현하면 뭐 어때? 나니깐 괜찮아! 나는 오늘부터 내 감정에 지지 않기로 했다." 긴 침묵의 시간을 깨고 다시 비상을 계획하는 이들에게 꼭 필요한 격려의 글이 사진 아래 적혀 있었다.

감정표현불능증은 1970년대 심리학자 피터 시프너스(Peter Sifneos)와 존 느마이어(Jone C. Nemiah)에 의해 소개된 개념이다. 감정을 인식하거나 언어적으로 기술하는 데 어려움을 나타내는 상태를 뜻한다. 감정표현불능증은 현대인의 대표적인 정신과 문제로 대두되고 있다. 우리는 생애 주기를 걸쳐서 다양한 정신건강의 문제를 겪는다. 건강한 정신이란 우울증, 불안장애와 같은 정신과적 질병이 없는 상태뿐 아니라, 생애주기별 단계에서 삶의 의미를 깨닫고 정신적·심리적으로 안정된 상태를 말한다.

코로나를 겪으며 정신건강이 위태로운 시대를 맞았다. 마스크를 끼고 외부와의 소통이 단절되고 바깥 외출이 자유롭지 못하니 감정을 표현할 출구를 잃어버렸다. 재택근무 하는 이들이 늘고 배달 음식을 시켜 먹으며 사람 구경이 힘든 시간을 보냈다. 너도나도 우울감을 호소한다.

코로나19라는 어두운 터널을 빠져나오는 동안 나를 버티게 해 준 한 가닥 빛이 있다. 국가에서 받은 재난지원금과 한국예술인복지재단에서 받은 예술인창작지원금이다. 빠듯했지만 그 돈으로 쌀을 사고 공과금을 냈다. 미루어 두었던 원고를 모아 《내 안의 사각지대》 수필집을 출간했다.

예측 불가한 미래에 대한 준비도 시작했다. 시급 낭상 써먹지 못하더라도 언젠가 위기가 올 때 빛을 발할 거라 확신하며 자격증을 취득했다. 밤을 지새우며 공부하는 내 모습에 스스로 연민의 감정을 느꼈다. 아무것도 할 수 없는 현실을 벗어나려고 발버둥 치는 노력은 비단 나만의 일이 아니었다. 모두 치열하게 현실을 버텨 냈다.

코로나19로 인해 힘들었던 것도 사실이나 글에 대해 어정쩡했던 나의 태도를 확고하게 정립해 주었다. 평범한 일상이 회복되지 않은 현실임에도 글의 품을 파고들었다. 둘 중 하나를 선택해야 하는 기로에 섰을 때 글을 선택하는 자신을 발견했다. 글을 쓰는 즐거움으로 하루를 시작하고 글쓰기를 가르치는 일을 한다는 이유로 나를 예술가라 부른다면 나는 이미 가난한 예술가의 삶에 익숙해져 있다. 물질보다 정신적 가치를 추구하는 삶이 몸에 밴 삶의 만족도는 높다.

긴 터널을 통과하고 뒤를 돌아보니 많은 것이 달라져 있다. 만나지 못하는 지인들과 메신저로 주고받는 대화에 익숙해지고 퇴근 후 곧장 집으로 향하는 일상이 이상하지 않다. 택배 배달원의 따뜻한 문자와 대문에 적힌 쪽지에도 따뜻함을 느끼고 누군가에게 사랑과 위로를 전하는 일이 낯설지 않을 만큼 치유되고 있었다.

요즘은 나 자신을 보듬고 안아 주는 시간을 자주 갖는다. 상처받기 쉬운 마음을 지키는 방법을 터득하고 자신을 들여다보며 친해지는 동안 창작의 산물은 늘어나고 결과에 연연하지 않고 즐긴다. 자의 반 타의 반 고립되어 홀로 견디는 예술가의 행복지수는 어느 때보다 높다. 코로나19의 시간은 '내 안의 사각지대'에 숨어 있던 나와 화해하는 시간이었으며 더 나은 나를 위한 준비의 시간이었다.

3부

길을 잃어도
괜찮아

길을 잃어도 괜찮아

부산진구노인복지관에서 생활지원사로 일 년간 근무했다. 하루 다섯 시간의 주된 업무는 홀로 계신 어르신의 안위를 챙기는 일이다. 도움의 손길이 채 미치지 않는 어르신들을 챙기니 보람 있고 가치 있는 일이다. 나는 양정동에 거주하는 어르신들을 배정받았다. 매일 찾아가 안부를 전하고 그들의 일상을 확인하고 도왔다.

배우자 없이 혼자 사는 65세 이상의 어르신은 자녀가 있으나 없으나 대상자이다. 자녀들이 있어도 가까이에 거주하지 않으면 사정은 별반 다르지 않다. 전화로 안부를 묻거나 주말마다 방문하여 일상을 살피는 일은 예고 없이 시시때때로 일어나는 어르신들의 위기 상황에는 속수무책일 수밖에 없다.

최 어르신은 동네의 골목 어귀에서 쌀집을 운영한다. 86세의 고령에 쌀을 팔고 배달하며 하루를 보낸다. 다섯 평 남짓한 방앗간은 마을 어르신들의 사랑방이다. 젊은 시절 빈손으로 경주에서 올라와 그곳에서 아이를 낳고 키우고 짝을 지어 보냈다. 일찍 배우자를 여의고 홀로 사신 지 오래되었다.

경제적인 사정이야 다른 어르신들과 비교하면 윤택한 편이다. 자녀들이 수시로 와서 돌볼 수 없으니 우리가 안부를 챙기고 챙김을 받을 대상임은 분명하다. 여타 어르신과 다른 점이 있다면 한창때인 젊은이들 못지않게 왕성한 경제 활동을 하고 이웃들과 사회적 관계를 맺고 있다는 것이다. 우리가 바라는 노후의 바람직한 모습이다.

　최 어르신은 늘 이웃을 챙긴다. 홀로 사는 노인들을 돌보고 기동이 불편한 어르신을 대신해 은행 심부름을 도맡는다. 자녀들이 사 온 간식이나 손수 만든 음식도 나눈다. 어르신이 주축이 되어 알음알음으로 서로를 챙기며 사는 소규모 공동체의 모습이어서 한시름 놓는다. 복지관에서 주기적으로 돌보는 것과 별도로 이웃들의 소소한 일상을 챙기니 담당인 나로서도 든든하다. 늘 문이 열려 있으니 방문 일정이 없어도 다른 집을 들를 때 지나며 안부를 묻고 동네의 이야기를 듣는다. 그야말로 참새 방앗간이다.

　어느 날 가게에 계셔야 할 시간에 어르신이 보이지 않았다. 이웃집 몇 곳을 수소문해도 그날따라 간 곳을 알지 못했다. 전화를 드렸으나 받지 않았다. 무슨 일이 났나 걱정스러워 다른 집을 돌고 다시 방문하니 자리에 계셨다. 이유를 들어 보니 뒷집에 사는 치매에 걸린 할머니가 사라져서 찾으러 다녔단다. 경찰에 연락하고 동네 골목을 샅샅이 뒤지다 CCTV를 추적하여 찾았는데 그 짧은 시간에 동래역까지 갔다며 혀를 끌끌 찼다.

　최 어르신의 쌀집 골목 끝에 그 어르신 집이 있다. 허름한 기와집이다. 골목 안으로 걸어가면 양쪽 담이 어깨에 닿을 정도로 좁다. 주변 집들은 현대식으로 고치거나 새로 지어 반듯한데 그 집만 빌딩 숲에 갇힌 오래된 새 둥지 같다. 다른 어르신이 사는 아파트에서 내려다보면 그 집 마당이 훤히 내려다보인다. 마당에는 오래된 감나무가 있다. 감나무 옆 벽돌로 쌓은 화단에는 꽃들이 피었다 진다. 가끔 볕 쬐러 마당에 나온 할머니를 볼 때도 있었다.

 90세를 훌쩍 넘기는 동안 노인시설에도 가 보았으나 적응하지 못해 집으로 모셨다. 그 후 쭉 요양보호사가 와서 돌보고 주말마다 자녀들이 들른단다. 최 어르신이 내 가족처럼 돌보니 자녀들은 든든할 거다. 그날은 요양보호사가 일을 마치고 나가며 깜빡하고 문을 잠그지 않았는데 그 틈에 집을 나가 한바탕 소동이 일었다.

 치매는 이제 남의 얘기가 아니다. 경기도 고양시에 치매 안심마을이 있다. 6명 중 한 명이 노인이라 국가의 지원에만 의존할 수 없어 자체적으로 치매 공동체 마을을 꾸려 나간다. 길을 잃어도 신발 안창에 치매 안심 추적기를 설치하여 안심 존을 벗어나면 알림이 울려 곧장 찾을 수 있다. 환자 가족들을 대상으로 돌봄 상담도 한다. 치매 프렌즈 지정 카페나 은행을 치매 도우미로 선정하여 길을 잃으면 연락해 준다. 주민들 대상으로 치매 예방 교육도 한다. 어르신은 시설에 가지 않고 일상의 삶터에서 생활하니 우리가 바라는 이상적인 마을이다.

 덴마크 스벤보르시의 브뤼후셋 마을에서는 매일 길을 잃어도 괜찮은 사람들이 산다. 지방정부는 시립요양원 가운데 브뤼후셋을 마을 형태로 전환하기로 하고 인근 건물과 토지를 매입해 2016년 치매 마을을 조성했다. 치매에 걸리지 않은 가족도 함께 입소할 수 있고 마을 밖에 치매 환자가 이용할 수 있는 주간보호센터도 운영한다. 마을은 치매 노인이 안전하게 생활할 수 있도록 설계하였다.

식당 도서관 카페 이발소 마트 등 편의시설도 있다. 편의시설 운영, 산책, 외출을 돕는 자원봉사자들이 곳곳에 있다. 계산을 안 하고 물건을 가져가거나 요금을 잘못 내도 자연스럽게 넘어간다. '내가 잘못했구나.'라는 생각이 들지 않도록, 거주자들이 불편함을 느끼지 않도록 하는 게 중요하다. 환자가 좋아하는 물건을 마을로 보내면 상점에 진열하여 자연스럽게 자신이 좋아하는 것을 구매하거나 가져가는 시스템이다.

거주자 대부분은 스벤보르시 주민이다. 원하면 언제든지 마을 내부를 산책할 수 있다. 거동이 힘든 이들은 자원봉사자와 함께 골프카트를 타고 마을 이곳저곳을 돌아다닌다. 안전 문제나 실종을 우려해 대부분 건물 내부에서 생활하는 한국의 돌봄시설과 대비되는 모습이다.

이전의 삶을 유지하는 것, 통제가 아닌 자유는 이 마을 운영의 원칙이다. 다음으로 외부와 단절된 공간이 아니라는 것. 외부인 출입도 외출도 자유롭다. 면회 시간이나 횟수 제한도 없다. 일부 거주자는 위치추적기를 사용하나 거주자를 속박할 수 없다는 게 마을의 기본 정신이다. 배회 증상이 반복적으로 나타나면 회의와 상담을 통해 배회 욕구의 원인이 무엇인지 파악한다.

환자마다 배회하는 나름의 사연과 이유가 있다. 그들의 행동이 잘못됐다고 지적하기보다 어떤 의사 표현을 하고 싶었는지 알아내는 게 중요하다. 질병이 아니라 질병 뒤에 있는 사람을 보는 것이다. 배회를 차단하려고 외출을 제한하는 건 궁극적인 해결책이 아니다. 시간이 걸리더라도 환자의 욕구와 불안을 해결하는 돌봄 철학이 필요하다.

 복지관에서 근무하는 동안 의외로 소외 계층이 많아 적잖이 놀랐다. 국가와 지방자치단체 그리고 주민자치단체에서 그들을 단계적으로 챙기는 돌봄제도가 있어 한 번 더 놀랐다. 홀로 사는 어르신과 소년 소녀 가장, 저소득층, 다문화 가정, 신체 거동이 불편한 분, 자세히 들여다보지 않으면 보이지 않는 사각지대의 이웃들이다. 촘촘한 돌봄 시스템으로 감싸 안으며 함께 가는 모습을 보며 느끼는 바가 컸다.

 초고령화 시대에 우리는 누구나 치매에 걸릴 수 있다는 전제에서 출발해야 한다. 돌봄 어르신 중에 섬망 증세가 있어 자신의 집 물건을 누가 훔쳐 간다는 할머니도 있다. 오래된 가재도구와 낡은 사진들, 도둑이 들 만한 살림살이가 아니나 그들의 삶을 지배할 만큼 심각한 고민거리다. 행정복지센터에 찾아가 해결해 달라고 막무가내로 떼를 쓰나 담당 부서에서 해결해 줄 수 있는 일은 한계가 있다.

 이들 중에 노령 연금과 어르신 일자리가 있어 활발하게 활동하는 어르신도 더러 있다. 가벼운 치매와 질병이 있어 약물로 조절하며 아슬아슬하게 버티는 정도의 어르신도 있다. 돌봄제도가 좋아진 건 사실이나 아직 스벤보르시와 같은 복지정책이 없어 아쉽다. 치매 어르신이 길을 잃어도 괜찮은, 마음 놓고 외출할 수 있는, 그런 날이 빨리 왔으면 한다.

 그들과 함께한 일 년이 지날 즈음 건강이 좋지 않아 그 일을 그만두게 되었다. 다음 담당자와 원만하게 라포를 형성할 수 있도록 동행하고 안부를 챙기다 서서히 연락을 줄였다. 지금도 소식을 전하는 분들이 있는데 언제나 반갑다. 가끔 그 길을 지날 때면 그들의 안부가 궁금하다.

"어르신, 오늘도 안녕하신가요?"

버킷리스트

 바람이 심하게 불어 댄다. 그녀와 모처럼 나들이를 약속했는데 날씨의 횡포가 저리 심하다. 집 안에만 있던 그녀가 감기라도 걸리면 어쩌나 하는 생각에 걱정이 앞선다. 벨을 누르니 인기척을 내며 문을 열고 나온다. 외투를 겹쳐 입고 장갑에 목도리까지 단단히 채비한 모습이다. 안심이다.
 그녀는 그동안 여러 명의 선임자를 거쳤다. 전임자의 대상자가 늘어나자 처음 일을 시작하는 나의 대상자로 배정되었다. 그녀에게 나는 '정 양'으로 통한다. 그녀는 담당자의 성을 따서 호칭을 부른다. 강 양에서 최 양으로, 또 정 양으로 성만 바뀐다. 우리는 그녀가 가려워하는 곳을 긁어 주고 가족처럼 돌봐 주는 사람들이다. 그녀를 찾는 이들은 많다. 종종 들러 지원 물품을 주고 가는 부녀회, 교회 봉사자들, 일상을 챙기는 노인복지관의 생활지원사들이다.
 찾아오는 누구라도 살갑게 대한다. 하지만 방문 횟수가 거듭될수록 표면적으로 드러나 보이는 살가움과 달리 좀처럼 깊은 속내를 내비치지 않는다는 걸 알 수 있다. 마음속 깊이 우리는 언제든 헤어질 수 있는 사람이라 선을 그은 것 같았다. 오랜 시간 동안 터득한 그녀만의 지혜인지 모른다. 상처받지 않으려는 것처럼 느껴졌다. 나 역시 적당한 거리감은 오히려 편했다. 모두 일을 해결해 줄 거란 자신감으로 지나친 애착 관계를 형성하는 것도 바람직하지 않은 일이다.

그녀가 양정동에 정착한 건 수십 년 전이다. 아미동에서 이곳으로 올 때 그녀는 사십 대였다. 다니던 공장이 문을 닫자 일자리를 찾아 이곳으로 주거를 옮겼다. 크고 작은 가내 수공업이 주택의 곳곳에서 이루어지고 부업거리도 넘치던 때였다. 중국으로 수출하던 가내 수공업 공장에서 일하는 중국인 처녀들의 밥을 해 주거나 손에 닿는 대로 허드렛일을 하며 살았다.

그때 세를 얻은 주택가의 문간방에 사십여 년째 살고 있다. 보증금 천만 원의 단칸방이다. 노동자들의 임금이 오르고 동남아 등지로 떠나는 공장이 늘자 중국인 처녀들도 고국으로 돌아갔다. 일자리를 잃은 그녀는 갈 곳이 없었다. 이미 나이가 들었고 다리를 다쳐 몸이 성치 않으니 막노동 일자리도 구하기 어려웠다.

그녀는 이웃의 도움으로 기초생활수급자로 등록하고 최저생계비 지원을 받았다. 오십여 만 원의 국가 지원금으로 쌀을 사고 병원 다니고 공과금을 낸다. 정부의 도움이 없었다면 지금까지 살기 어려웠을 거라 말한다. 혼자 사는 어르신이라 도움의 손길도 많았다. 평소에 다니던 교회에서 식료품을 지원해 줄 때도 있다. 많지는 않지만 한 해에 두 번 정도 마을 부녀회의 반찬 지원도 받는다.

마음씨 좋은 주인 덕분에 수십 년이 지나는 동안 집세는 오르지 않았다. 월세도 없으니 생활 지원금으로 한 달을 살기에 충분하다고 말한다. 그녀의 처지를 잘 알고 있는 주인의 '할머니 돌아가실 때까지 편히 계시라'는 말에 안심한다. 강 할머니도 전세 보증금은 물려줄 자식이 없으니 장례 비용으로 쓰고 남는 돈은 복지관에 기부하라는 뜻을 전했다.

생활 반경이라고 해야 겨우 단칸방과 현관 겸 부엌, 일 층의 화장실이 전부였다. 일주일에 한 번 정도 집 주변 편의점에서 생활용품을 산다. 한 달에 한 번 집 근처 약국에 혈압약을 타러 간다. 그녀의 집 밖으로의 외출은 이것이 전부다.

최근 십여 년 동안 시장에 가 본 적이 없다. 반찬은 매일 오는 이동 부식 차에서 사고 가끔 먹고 싶은 생선이나 찬거리는 생활지원사가 대신 사다 주었다. 주말에 다니러 오는 자녀도 없고 안부를 챙기는 친인척도 없는 처지이니 긴 시간의 외출은 사회복지사와 기관의 담당자들이 마음을 내지 않으면 영원한 바람에 그치고 만다.

시간이 흘러 그녀와 어느 정도 친해졌을 즈음이었다. 문득 지난 과거의 일을 꺼냈다. 남편도 있고 두 명의 딸도 있다는 거다. 조용히 집을 나왔다는 말로 그간의 사정을 정리했다. 사연은 궁금했지만 묻지 않았다. 그녀의 일생이 가여웠다. 보통의 어르신들에게는 자녀들과 나들이 가서 점심을 먹고 차 한 잔 마시는 일은 흔한 일이다. 그녀에게는 영원히 이루어질 수 없는 꿈같은 일이었다.

그녀에게 버킷리스트가 있다면 어떤 것일까, 대화를 나누며 그녀가 원하는 것을 정리했다. 생활지원사가 제공하는 돌봄서비스뿐만 아니라 그녀가 꼭 해 보고 싶었지만 쉽게 할 수 없는 것들이었다. 제일 하고 싶은 일이 함께 음식점을 가고 시장에 가서 칼국수를 먹는 거란다. 병원에 동행하는 것, 미용실 가기, 사소한 일상의 일이었다.

뜻깊은 추억을 만들어 드리고 싶은 욕심이 생겼다.

"어르신, 두 번째 목요일은 외출하는 날로 정해요."

"정 양아, 네가 힘들어서 되겠나?"

몸이 불편하여 홀로 외출이 어려운 그녀는 외출이라는 말에 사양하면서도 기쁜 내색을 숨기지 못했다.

복지관에서도 집으로의 방문에 국한하지 않고 거동이 가능하신 분들은 마을 산책길도 함께 걷고 집 주변 공원에서 만나 얘기 나누는 등 어르신이 불편함을 느끼지 않는 동선에서 활동하라는 지침이 내려왔을 때였다. 그러고도 엄두가 나지 않아 실행에 옮기지 못했다. 자칫 무리해서 탈이라도 나면 서로 곤란할 터였다.

그녀가 연락할 곳이라고는 나밖에 없다. TV가 고장 나거나 전화기가 먹통일 때는 애를 먹는다. 손재주가 없으니 복지관에 보고하거나 전화국에 전화해서 문제를 해결한다. 이럴 때 연락할 자식이라도 있었으면 좋겠지만 서너 살 때 아이를 두고 집을 나온 이후로 만난 적이 없다고 한다. 찾고 싶지만 방법을 모르는 게 아닌가 싶어 찾아 드리겠다고 하니 손사래 친다. 면목이 없다고 하신다.

그때 살던 집의 주소를 정확히 기억하기 때문에 지금의 전산시스템으로는 얼마든지 찾을 수 있을 것이다. 그녀는 늙고 병들어서 자식을 찾는 일은 자식들에게 짐만 될 뿐이라고 담담하게 말한다. 얼핏 집 앞에 앉아 있을 때 지나가던 아가씨를 보았는데 딸아이가 자랐으면 저런 모습이겠구나 싶었단다.

그리운 마음을 드러내지 않고 속으로 삭이며 살아온 그녀의 마음이 짐작되었다. 너무 어려서 아이를 낳고 남편의 손찌검과 생활고에 시달려 자식에 대한 정도 느끼지 못하고 살았단다. 데리고 나온들 혼자 키울 자신도 없었다. 집을 나온 후로 아미동에서 공장 일을 하며 살았다. 그 시절 어머니들의 생활이 그랬을 거다. 평탄치 않았을 그녀의 젊은 날을 들으며 안타까워 눈물 흘렸다. 한참 후에야 들은 이야기였다.

어려운 처지의 그녀를 보니 다른 어르신보다 더 마음이 쓰였다. 직장에서 혹은 내가 속한 단체에서 연말연시에 봉사 활동 하러 종종 따라나서기는 했으나 사회 깊숙한 곳에서 노인 복지에 관한 일을 하는 건 처음이었다. 그녀의 집을 방문하는 날은 오늘은 창문, 다음은 냉장고, 순서를 정하여 청소하였다. 한사코 말린다. 찾아오는 것만으로도 감사하니 얘기나 나누다가 가라고 한다.

함께 보내는 시간이 늘어 가며 그녀가 필요한 것이 무엇인지 어렴풋이 알게 되었다. 부엌에서 신는 신발이 필요하니 사다 주었으면 하던 말에 외출을 제안했다. 큰 용기를 내어 택시를 타고 부전시장으로 갔다. 다리를 다치기 전 내 집처럼 다니던 부전시장을 구경한 지 십여 년 지났다고 했다.

신발가게에 들러 부엌에서 신는 슬리퍼와 외출용 운동화 한 켤레를 샀다. 언제 다시 시장에 올지 모르니 속옷가게에 들러 내의 두 벌도 골랐다. 걸음이 불편한 그녀를 부축하느라 잡은 손에 땀이 흥건히 고였다. 점심시간이 되어 선지 국수 한 그릇씩 먹고 집으로 돌아왔다.

오늘은 코로나 백신을 맞으러 부산시민공원으로 갈 예정이다. 그녀에게 딸이 있었다면 오늘 같은 일상은 언제든 가능한 일이다. 나에게 말한 그녀의 버킷리스트는 딸과 함께 해 보고 싶었던 일들이 아닐까. 나는 그녀의 딸이 되어 그동안 하지 못한 일들을 하나씩 해 볼 참이다. 다음에는 어디로 갈지 버킷리스트를 떠올리며 그녀의 손을 잡는다.

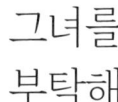 그녀를
부탁해

담당자가 바뀌었다는 연락에 또 바뀌었냐 반문한다. 낭랑한 목소리가 왠지 힘이 없다. 첫 방문에 안방으로 안내한다. 서랍장 위 낡은 사진 속 젊은 그녀가 웃고 있다. 분홍색 꽃무늬 블라우스를 입고 화단에 앉은 모습이다. 단정히 손질한 파마머리 사진을 보니 전임자에게 들은 선입견에 고개 갸우뚱해진다.

방문 횟수가 거듭되고 함께하는 시간이 늘어날수록 전달받은 정보가 사실임을 확인한다. 오늘은 참기름이 없어졌다며 대문에 종이를 써 붙인다. 그제는 양파 한 망을 도둑맞았다며 성화였다.

"이 도둥년아 내 창지름 내나라. 어데 기지갈끼 엄써서 나메꺼 탐내노. 손모가지 또 뿌사삔다. 이 도둥년아."

그간의 살림 이력이 한눈에 뚜렷이 드러나는 집 안을 둘러본다. 장롱과 서랍장 주방용품과 옷가지, 당장 밖에 내어놓아도 누가 가져가랴 싶다. 그것마저도 신문지로 두 겹 세 겹 덮어 단번에 드러나지 않는다. 방문할 때마다 자주 봐 온 살림의 낱낱이다. 누군가 가져가서 덮어 둔다 하니 기가 찰 노릇이다. 대놓고 반박하거나 잘못되었다 말하지 않고 귀 기울여 듣는다. 스스로 생각할 수 있도록 에둘러 말해도 막무가내다.

종이로 팻말을 만들어 수십 년 전 B 여인에게 자신의 돈을 도둑맞

앗다며 그 돈을 돌려 달라는 욕설 섞인 사연을 써 놓고 거실 벽에 세워 놓았다. 잃어버린 물건은 대중없다. 고춧가루, 참깨, 쌀, 신발… 매일 바뀐다. 옆집에서 자신의 전기를 끌어다 쓰기 때문에 전기세가 많이 나온다는 엉뚱한 발상은 어디서 나오는지. 다른 집에서 전파를 쏘아 자신이 병들었다니, 또 그러려니 흘려듣는 수밖에. 몇 명의 담당자를 거쳐 나에게까지 온 이유가 짐작되었다. 해결책은 없다. 주어진 시간 하소연을 들어 주는 게 최선이다. 건강하지 않은 정신 때문이지만 만날 때마다 피로감이 크다

그녀의 병명은 섬망이다. 이런저런 얘기를 하다가도 자녀들 얘기가 나오면 입을 꾹 다문다. 자녀가 있으면 정부에서 받는 보조금을 못 받을 수 있다고 생각하기 때문이다. 자신들이 받는 복지 혜택이 무엇인지 잘 모르기 때문에 생기는 염려이다. 자녀가 있어도 홀로 계신 어르신들은 생활지원사가 돌보는 대상이 된다. 어떤 이는 불신에 가득한 눈으로 경계하기도 한다. 방문을 꺼리거나 집 안에 들이지 않고 길에서 만난다. 나는 대화로 유추하자면 그녀에게는 아들이 둘 있고 연락을 끊다시피 했다.

그녀는 집에 누군가 찾아오는 것이 좋다고 한다. 가끔 성당의 수녀님도 찾아와 반찬을 전달하고 라면과 과자 등 후원 물품을 전한다. 물론 나의 방문도 늘 환대받는다. 감이나 홍시, 사과 같은 제철 과일을 준비해 두었다가 꺼내 놓는다. 나 역시 집에서 만든 반찬을 갖다드리고 장아찌를 넉넉하게 담아서 드린다.

한여름 반찬 배달이 제일 힘든 일이다. 단체의 후원을 받아 부녀회

에서 만든 반찬을 전할 때가 있다. 차 없이 무거운 물건을 들고 집집이 방문하는 일은 한여름에는 고행의 다른 이름이다. 차량이 있는 동료가 한꺼번에 가지고 오면 거점 장소에 두고 하나씩 배달할 때는 그나마 운이 좋은 편이다. 김장을 나눌 때는 어쩔 수 없이 가족의 도움을 받아 차량으로 운반한다. 수술 일정이 가까웠을 때는 딸과 함께 배달을 마치고 곧장 병원으로 간 적도 있다.

수영구에 살 때였다. 주민센터에서 반찬을 받아 집으로 갔더니 문이 잠겨 있고 전화도 받지 않았다. 더운 여름이라 어디에 둘 수도 없어 집으로 들고 왔다. 저녁 무렵 전화가 와서 늦어도 꼭 만나야겠다며 수영까지 오겠다 한다. 밤길에 어르신 혼자 낯선 곳으로 오게 할 수 없는 노릇이라 늦은 밤에 찾아가 전해 준 적도 있다. 냉장고에 넣어 둔 반찬과 집에 있는 반찬 몇 가지를 더 챙겨 드렸다.

어느 날 방문 약속을 하고 시간 맞춰 갔더니 몇 번 벨을 눌러도 기척이 없었다. 어디 가셨나 보다 짐작하고 다른 집을 방문할 때 연락이 왔다. 물금 쪽으로 쑥을 캐러 가는 길이라며 미안하다고 한다. 어디든 가셔서 봄기운 흠뻑 마시고 돌아오시라 인사드리고 전화를 끊었다. 계신 곳을 확인했으니 앱을 켜서 입력했다.

방문했을 때 어르신이 일이 있어 일찍 끝나거나 펑크 난 방문으로 시간이 남을 때 가는 단골 카페가 있다. 사유를 적고 일을 마무리하거나 남는 시간만큼 어디선가 시간을 보내야 한다. 카페에 들러 책을 읽는다. 어쩔 수 없는 돌발 상황이니 크게 잘못한 일이 아님에도 불구하고 위치 추적 정보가 핸드폰으로 전송되니 이런 시간은 마음이 편치 않다. 다음 방문 어르신의 집 근처에서 외출에서 돌아올 때까지 기다린다. 커피는 자리를 빌리기 위한 핑계일 뿐, 커피는 쓰고 독서는 달콤하다.

어르신이 사는 집을 철거하는 날이 8월 말이었다. 날짜가 다가오자 어르신은 조급해졌다. 종일 집 보러 다닌다며 초췌한 모습으로 돌아오기 일쑤였다. 집이 마음에 들면 금액이 맞지 않았고 금액을 맞추면 환경이 열악했다. 주거 지원을 받고 있던 터라 본인의 돈을 조금 더 보태어 겨우 집을 구했다.

이사하는 날 일찍 집으로 갔다. 두 분 도우미 어르신과 함께 짐을 정리했다. 살림살이는 종이 상자와 신문지, 검정 비닐이 전부였다. 무엇을 얼마나 샀기에 검정 비닐을 저리도 모아 둔 건지. 비닐봉지와 쇼핑백은 그대로 버려졌다. 낡은 신발, 옷가지도 정리했다. 가는 곳이 지금보다 좁다며 미련 없이 버렸다. 그동안 보물처럼 모아 두었던 것들을 가차 없이 버리는 걸 보면 사소한 것에 집착하던 모습이 선뜻 이해되지 않는다. 물론 버릴 것을 일일이 허락받느라 예상보다 시간이 오래 걸렸다.

그녀가 다른 구역으로 이사한 후 대상자 명단에서 사라졌다. 수시로 울리던 전화도 더는 없을 줄 알았다. 하지만 하루에도 열두 번 전화했다. 이사 간 집이 길가라서 가로등 불빛 때문에 잠을 잘 수 없다는 투정이었다. 한여름에 바람이 불지 않으니 더워서 살 수 없다 푸념했다. 여기저기 좌충우돌, 복지관으로 찾아가 있는 사정, 없는 사정 끝에 다시 집을 구했다.

그 후 전화는 오지 않는다. 그 구역 담당 생활지원사의 전화를 몇 번 받긴 했다. 종잡을 수 없는 그녀로 인해 난감한 모양이었다. 몇 가지 주의 사항과 조언을 해 드렸다. 새로 이사한 곳에서는 부디 그녀가 잘 정착할 수 있기를 바란다. 그녀의 남은 생이 행복하길 기도하며 그녀를 부탁한다.

✦ 숫돌

　양정1동을 배정받아 일한 지 두 달쯤 되던 날이다. 설을 보내고 며칠이 지났다. 담당 사회복지사로부터 새로운 대상자의 정보를 건네받았다. 지난달에 부인이 돌아가시고 홀로 계신 90세 남자 어르신이다.
　부산진구노인복지관에서 나와 주소를 찍고 어르신의 집을 찾아 나섰다. 대로변을 따라가다 좁다란 골목길로 접어들자 야트막한 오르막길이 나온다. 오르막을 올라 빈 터 셋을 지나면 그 집에 도착한다. 철거가 시작된 골목의 입구는 을씨년스러웠다. 재개발 바람이 불어 시선이 가는 곳마다 철거를 알리는 현수막과 붉은 글씨가 가득했다. 대부분 보상금을 받고 떠나고 남은 몇 집에는 노인들과 미처 거처를 구하지 못한 이들이 남았다.
　생활지원사를 시작하고 제일 힘든 일이 길 찾는 일이었다. 비슷비슷한 골목길이 나와서 몇 번을 헤매다 방문 시간에 늦을 때도 있었다. 배정받은 어르신의 정보를 들고 집을 찾아갈 때는 처음 와 보는 동네의 모든 것이 낯설다.
　처음 만나 친해지기까지 과정도 쉽진 않지만, 미로처럼 이어진 골목길을 다니며 대상자의 집을 찾아가는 일은 더 만만치 않았다. 몇 주 지나지 않아 금방 익숙해졌고 대상자들과 만나 얘기를 나누는 일도 자연스러워졌다. 매일 방문하다 보니 이제는 그 일대를 훤히 꿰고 있을 정도여서 길 찾는 일은 여반장이었다.

  주소를 보니 주변에 대상자 어르신 몇 분이 사는 곳이었다. 어디쯤인지 짐작이 갔다. 담장은 허물어져 옆집과 앞집의 경계마저 모호한 주택가. 좁다란 길을 경계로 구역이 나뉜다. 재개발이 확정되어 사람들이 떠난 곳과 협상이 결렬된 곳은 극명하게 차이가 났다. 대로변에 인접한 집은 문을 열면 차들이 씽씽 달리고 주변의 아파트 건설 현장의 소음이 종일 들려왔다.

  기와를 인 지붕과 오래된 벽돌담이 축 처진 어깨를 겨우 추스르는 집에 도착했다. 담벼락에 걸린 명패와 주소를 확인하고 벨을 눌렀다. 얼마 지나지 않아 문이 열렸다. 문틈으로 작은 마당이 한눈에 들어왔다.

  마당의 한쪽에는 수돗가가 있다. 그곳에 숫돌이 놓여 있었다. 이곳에서 숫돌을 만나다니, 숫돌은 언제 어디서 보아도 아버지를 연상시키는 추억의 물건이다. 숫돌을 만난 반가움이 앞서서 그런지 어르신과의 첫 만남은 약간의 거리감마저 지워 버렸다.

  어르신은 어서 오시라며 반갑게 맞아 주었다. 구십의 연세가 믿기지 않는 꼿꼿한 모습이었다. 문을 여니 안방의 자개농과 오래된 살림살이들이 묵묵히 눈인사를 건넸다. 뭐라도 한잔 마시라는 어르신의 성화에 못 이겨 믹스 커피를 주문하고 자리에 앉았다. 어르신이 물을 끓이고 커피를 타는 동안 집 안을 둘러보았다.

  오래된 가족사진이 벽면에 가득했다. 어르신의 젊은 날로 보이는 청년이 아기를 안고 있는 흑백사진, 학사모를 쓴 자녀들, 결혼식 사진, 집 안은 가족의 일대기를 기록한 전시관이었다. 커피를 앞에 두고 마주 앉아 이야기 나누었다. 마치 오래된 지인처럼 어르신과 편안한 첫 만남이 이루어졌다.

어르신은 지난겨울에 아내를 잃고 홀로되었다. 아내는 십여 년 전에 갑자기 뇌출혈로 쓰러져 투병하다가 돌아가실 때까지 요양병원에서 지냈다. 어르신은 매일 아침 눈을 뜨면 국과 반찬을 들고 병원으로 갔다. 병실에서 함께 지내다가 해 질 무렵 집으로 돌아왔다.

피곤함도 잊은 채 다음 날 가지고 갈 시래깃국을 끓이고 반찬을 해 놓고 잠들었다. 누군가의 보살핌이 필요한 연세에 부인을 간호하며 함께 지내다 부인을 잃고 나니 쓰는 것이 자신의 살붓인 것 같다. 살아 있는 하루가 고통이고 우울하기 이루 말할 수 없다며 눈시울 붉혔다.

어르신보다 살아온 인생 경험이 짧은 터라 아직 그 연세의 감정을 공감하는 건 어렵지만 어렴풋이 짐작은 되었다. 슬픔에 공감을 표하느라 무어라 위로의 말을 건네거나 도움이 되고자 어실픈 훈수를 두는 건 더 주제넘은 일 같아 아무 말 없이 듣기만 했다.

고향에 홀로 계신 어머니가 벽에 걸린 아버지 사진을 보며 아버지가 옆에 계신 듯 그리워하다 원망하다 눈물짓곤 하는 모습이 겹쳐 눈시울이 뜨거워졌다. 만약 아버지가 살아 계시고 어머니가 먼저 가셨다면 아버지는 어찌 시간을 보내셨을까. 어머니 껌딱지처럼 늘 함께 다니던 평소의 모습을 보아 어르신처럼 한없이 그리워하셨을 거다.

어르신을 방문하는 날은 아버지를 만나러 가는 것 같아 늘 기다려졌다. 아버지가 살아 계셨다면 비슷한 모습이었을 것 같다는 생각 때문이었는지 정겨운 숫돌이 있는 마당에 들어서면 내 집처럼 편안해졌다. 어르신은 어떤 날은 빨래를 널고 어떤 날은 청소하고 늘 부지런히 몸을 움직였다.

밥을 할 때는 전기세가 아깝다며 많은 양을 한꺼번에 해서 일회용 용기에 넣어 냉동시킨다. 드실 때마다 꺼내서 데웠다. 김치와 밑반찬은 아들과 딸이 일주일마다 들러서 냉장고에 넣어 놓고 간다. 가끔 어르신이 운동 삼아 시장에 가서 사 온 고기와 생선을 사서 굽거나 국을 끓였다. 어르신이 제일 잘 끓이는 건 시래깃국이다. 아내가 병원에 있을 때 시래기된장국을 좋아해서 자주 끓였다고 한다.

몇 달이 지나고 서로 꽤 편해졌을 때다. 식사를 챙겨 드릴 때 보니 반찬은 모두 냉장고에서 꺼낸 거라 차가웠다. 냉장고에서 달걀을 꺼내어 양파 채 썰어 전을 부쳐 드렸더니 금방 만들어 따뜻하게 먹으니 좋다고 하셨다. 맛있게 드시는 모습을 보며 또 필요한 것 없냐고 묻는 내게 파전을 구워 줄 수 있느냐고 물었다.

집안일을 돕는 일은 복지관에 연락해 도우미 어르신을 따로 신청하면 되는 일이다. 하지만 시간을 맞추는 일이 번거롭기도 하거니와 잠시 짬을 내면 될 일이라 선뜻 그러겠다고 약속했다. 재료를 준비해 놓으면 구워 드리겠다 말씀드리고 방문 일자를 바꿨다. 한 주의 업무가 끝나는 금요일 마지막 시간으로 정했다.

금요일 업무를 마치고 어르신 집에 들렀다. 큰 대야에 쪽파와 오징어 홍합을 다져 놓고 기다리고 계셨다. 집에서 가져간 앞치마를 두르고 재료를 섞어 굽기 시작했다. 재료가 다 소진될 때까지 굽고 나니 두 시간이 훌쩍 지났다. 모처럼 집 안에 훈기가 난다며 어르신은 즐거워하셨다.

 몇 장은 그동안 반찬을 갖다 준 이웃에 나누고 두 장은 랩에 싸서 가져가라며 챙겨 주셨다. 한 장은 식탁에 앉아 나눠 먹고 남은 건 냉동실에 얼려 놓았다. 다음에는 수시로 구워 드릴 테니까 조금씩 준비하라고 말씀드렸다. 어르신은 따뜻한 손맛이 그리웠던 것 같다. 그 후 어르신이 사 놓거나 내가 가져간 재료로 음식을 만들어 함께 먹고 집으로 왔다.

 재료를 손질할 때 살이 껄 들있다. 우리 집 칼은 부뎌서 말을 안 듣는다고 했더니 칼을 갈아 줄 테니 가져오라고 하셨다. 금요일 아침 칼집에 있는 식도와 과도를 꺼내니 대여섯 자루가 나왔다. 칼을 신문지로 말고 수건으로 겹겹이 둘러 보자기에 싸서 배낭에 넣었다. 어르신 집에 도착하여 보자기를 풀어 칼을 꺼내 놓았다.

 어르신은 한 자루씩 갈기 시작했다. 말없이 칼 갈기에 몰두한 모습이 마치 아버지 생전 모습 같아 목이 메었다. 오래된 집 마당에는 칼 가는 소리만 들렸다. 사락사락 사그락사그락. 한겨울에 대상자로 선정되어 다시 겨울이 올 때까지 어르신과 나는 아버지와 딸처럼 지냈다. 마을 주변을 산책하고 음식점에 들러 점심을 먹기도 하며 일 년의 시간을 보냈다.

 다시 겨울이 되었을 때 어르신의 건강은 나빠졌다. 그동안 죽기 전에 아파트에 살다 가고 싶다며 여기저기 집을 내놓았다. 매일 부동산

업자의 명함이 식탁에 놓여 있었는데 더는 업자를 만나지 않는 눈치였다. 집을 팔아도 제대로 된 아파트를 사려면 자녀들의 부담이 늘어날 것이 뻔한 일이다. 현실적인 고민 끝에 그 집을 그대로 자녀들에게 남기기로 마음먹었다.

추운 겨울을 어찌 날지 걱정이 태산 같았다. 난방에 취약한 집이라 안에서도 두꺼운 옷을 입고 있었는데 음식을 데우다 옷에 불이 붙어 혼비백산한 적도 있다. 두어 번 그런 일을 겪고 스스로 요리를 하지 않으려 한다. 낙심이 커서인지 뵐 때마다 더 힘들어 보였다. 힘들게 버티던 어르신은 아내가 마지막을 보냈던 요양병원에 입원했다.

가끔 지나는 길에 들러 대문 틈으로 마당을 들여다본다. 찾는 이 없는 집 마당에 숫돌만 덩그러니 놓여 있다. "어르신, 집 앞을 지나고 있어요. 얼른 나아서 만나요." 전화를 걸어 안부를 전한다.

사과꽃 향기

사과꽃이 필 때면 생각나는 사람이 있다. 거창 아지매, 어른들이 부르는 택호다. 어르신의 집은 친정집과 가깝다. 집 옆 밭에 사과나무 몇 그루를 심어 놓아서 꽃이 피면 아이들은 그곳에서 자주 놀았다. 사과가 익어 갈 무렵 새큼한 향에 이끌려 연둣빛이 채 가시지 않은 사과를 몰래 따 먹곤 했다. 시간이 흘러 나무는 베어져 묵정밭이 되었다. 함부로 자란 잡목과 웃자란 풀들이 산만하여 예전의 향수는 찾아 볼 수 없다.

어르신은 독실한 기독교 신자다. 홀로되어 남은 삶을 꾸려 가시던 어르신은 어머니가 불편한 몸으로 홀로 고향에 남겨졌을 때 많은 도움을 주셨다. 혼자 아침을 차리지 못하는 어머니에게 매일 아침 찾아와서 식사를 챙겨 주셨다. 요양보호사가 올 때까지 불편함이 없도록 수시로 돌봐 주니 우리에게는 고마운 분이다.

불교 신자였던 어머니를 전도해서 일요일이면 함께 교회에 다녔다. 교회에서 차를 보내 모셔 가고 모셔 올 때마다 어머니의 옆에서 든든한 동행이 되었다. 멀리서 마음만 쓰는 자식들보다 옆에서 밥 한 끼라도 챙겨 드리는 어르신이 있어 얼마나 든든했는지 모른다. 자주 오지 못하는 자식들보다 가까운 이웃이 낫다는 말을 그때 실감했다.

어느 날 다니러 갔더니 두 분이 주거니 받거니 어린 시절 이야기를 나누었다. 서로의 반응과 추임새로 짐작건대 자주 나누곤 하던 이야기였다. 어머니가 우리에게 들려주었던 외갓집 얘기와는 달리 한 번도 들어 본 적 없는 생소한 이야기였다.

함양의 상림 숲 이야기와 외할아버지가 학자여서 책 읽는 어머니를 서당 도련님이라고 불렀다는 얘기, 외삼촌이 혼자 공부해서 경찰관 시험에 합격한 얘기도 자주 들었다. 주로 집안의 자랑거리를 들려주며 착하고 바르게 살아야 한다는 교훈으로 마무리되는 동화 같은 내용이었다. 외할머니는 내가 스무 살 되던 해까지 살아 계셨고 우리 집에도 가끔 오셨으니 동화 속 이야기로 남지는 않았다.

힘든 시절을 사셨던 두 분은 상처도 닮았다. 어르신의 친정은 함양과 가까운 거창이다. 두 분은 하루아침에 억울하게 가족을 잃었다. 평생의 상처로 남아 있어 누구에게도 쉽게 꺼내지 못했던 거다. 두 분이 함께 보내는 시간이 많으니 같은 처지였던 어린 시절 이야기와 가슴에 묻어 둔 상처를 서로 내보였던 모양이다.

한국전쟁이 끝나고도 함양과 거창에는 이념 전쟁이 한창이었다. 전기회사에 다니던 큰외삼촌이 퇴근할 무렵이었다. 청년들의 입에서 주동자로 큰외삼촌의 이름이 나왔고 그 일과 아무 상관 없었던 외삼촌은 그날 집으로 돌아오지 못했다. 집안의 기둥이었던 장남을 잃고 외할아버지는 슬픔으로 시름시름 앓다가 돌아가셨다. 눈에 넣어도 아프지 않은 아들을 잃고 외할머니도 병이 나셨다.

우리가 자라는 동안 어머니는 재미있는 이야기를 즐겨 들려주셨지만, 가족의 아픔에 대해서는 말씀하지 않았다. 행여 자식들에게 누가 되지는 않을까 노심초사하며 비밀을 간직하고 있었던 거다.

하루아침에 가족을 잃은 어르신의 사연은 또한 기가 막힐 뿐이다.

사과꽃 향기 코끝을 스칠 때면 거창 아지매의 눈길은 담장 너머 야트막한 능선으로 넘어간다. 팔십 평생을 살면서 겪었던 일들은 어찌 된 까닭인지 사과꽃이 피어서 열매를 맺기 시작하는 초봄과 한여름 사이에 일어났다. 깜빡이는 기억이 남아 있는 동안 사과꽃은 몇 번이나 더 피고 질까. 지그시 눈을 감는다.

그 일은 오영이 열세 살 되던 해에 일어났다. 오영은 거창 아지매의 이름이다.

"지곡에 삐라가 뿌려졌단다. 한바탕 난리가 날끼다. 영이는 퍼뜩 아침밥 먹고 아버지 모시고 생초 고모 집으로 가거래이."

새벽에 물 뜨러 나갔던 어머니가 물이 찰방거리는 물동이를 던지다시피 내려놓는 소리에 오영이의 잠은 일찌감치 달아났다.

"얼라가 먼길을 우찌 가노, 혼자 가 있을꾸마."

다급한 어머니와 달리 가족들을 남기고 떠나는 것이 내키지 않았던 아버지는 어머니의 목소리를 듣고 천천히 몸을 일으켰다.

어머니가 급히 만들어 준 주먹밥을 삼베 보자기에 싸서 아버지는 어린 딸의 손을 잡고 집을 나섰다. 재를 넘을 때쯤 희끄무레한 새벽빛이 내려앉기 시작했다. 봇짐을 진 아버지는 오영이의 손을 꼭 잡고 잡아끌다시피 걸음을 재촉했다. 오영이는 생초가 가까워질수록 어머니와 여동생만 남겨진 집 걱정에 가슴이 꽉 죄어 옴을 느꼈다.

아버지와 오영이 떠나고 한참 지나서 지리산 고개 위로 불그레한 해가 떠오를 때 이장의 마른 목소리가 스무 가구 사는 마을을 가득 메웠다. 식구 수대로 보리쌀 배급이 있을 예정이니 아홉 시까지 어른과 아이 모두 마을 공터로 모이라는 얘기였다.

어머니는 괜한 걱정을 했구나 싶었다. 옆집에서 놀고 있는 오영이의 동생 순영이를 불러 마을 입구에 있는 공터로 향했다. 마을을 가운데 두고 상촌에서 내려오는 사람들과 하촌에서 올라오는 사람들로 거리는 시끌벅적했다. 부락마다 배급이 내려온 모양이었다. 사람들로 꼬리에 꼬리를 무는 긴 행렬이 이어졌다. 공디로 가는 길에 백여 미터 긴 대밭이 나왔다. 어머니를 따라나섰던 순영이는 꾀가 났다. 어머니가 보리쌀을 받아 온다는 기대감에 달뜬 목소리로 마을 어른들과 얘기 나누는 사이에 친구와 함께 대밭으로 들어갔다.

그날 따라나섰던 이들 중 둘만 죽음을 피할 수 있었다. 그 시절은 누구를 원망할 줄도 몰랐고 모든 것을 시절 탓으로, 내 탓으로 여기며 아픔을 삭이던 때였다. 일찍 어른 아닌 어른이 된 오영이는 고모 밑에서 살림을 배웠다. 살림 욕심이 낳은 고모의 시집살이에 미움고생 하느라 어린 시절 변변한 추억 하나 없이 처녀가 되었다. 산에 가서 고사리를 꺾어 와도 친구들보다 많아야 온전한 저녁밥을 먹을 수 있었다. 적게 꺾어 온 날은 소쿠리가 마당으로 날아갔다. 친구들처럼 제대로 바느질한 옷을 입어 보지 못했고 흑단처럼 긴 머리를 창포물에 감는 일은 꿈도 꾸지 못했다.

오영이가 열일곱 되던 해, 그녀를 눈여겨본 집에서 혼담이 왔다. 신랑의 얼굴도 보지 못하고 혼례를 올렸다 마당에 핀 사과꽃이 한두 송이 꽃봉오리를 터트릴 때 갓 돌 지난 첫 아이를 뒷산에 묻었다. 아이 생각이 나면 더 자주 마당을 서성였다. 그 뒤로 여섯 남매를 더 낳아 애면글면 남부럽지 않게 키워 짝을 지어 보냈다. 이제 좀 남들 사는 것처럼 살아 보겠다 싶었더니 남편이 서둘러 서쪽 하늘로 떠나 버렸다. 훤칠한 키에 큰소리 한 번 내지 않고 들에 나가 일만 하던 남편의 얼굴이 가물거린다. 남편은 잠자리에 누워 천장을 보며 지난 시절을 떠올리곤 했다. 오영이가 고모 집에 다니러 오는 날에는 몰래 숨어서 그녀를 훔쳐보았다. 숱 많던 긴 머리와 팡파짐한 엉덩이에 반한 동네 총각들이 많아 애가 탔다고 혼잣말하던 남편이었다. 요즘 들어 거창 아지매의 기억은 여기서 멈춰 있다.

오늘따라 짙은 사과꽃 향기가 마당에 오래 머문다. 흐릿한 기억이 사라지기 전에 사과꽃이 피고 지는 것을 몇 번 더 볼 수 있으면 좋을 텐데. 한두 송이 꽃봉오리를 터트릴 때는 가슴에 묻은 아이 생각에 더 자주 마당을 서성인다. 꽃이 질 무렵에는 어머니 생각이 더 간절해진다.

나는 그날 두 분의 대화를 들으며 어떤 형태로든 이야기를 남기고 싶었다. 역사적 사실에 멍든 두 사람이 한평생을 지나는 동안 꺼내 보지 못한 말들이다.

이웃집의 딸이 어설프게나마 글을 쓰는 작가라는 말을 듣자 어르신은 그간의 일을 상세히 들려주셨다. 속이라도 후련하면 좋겠다는 마음이었을 게다. 두 분의 가족 서사를 소설로 옮겨야겠다는 막연한 생각으로 소설을 썼다. 하지만 여러모로 마음에 들지 않아 몇 해째 던져두었다.

　해를 지나 점점 나빠지는 두 분의 건강을 생각하면 빨리 글로 옮겨 마음을 풀어 드리고 싶으나 마음처럼 글재주가 따라 주지 않는다. 짧게나마 이야기를 옮겨 병원에 계신 어르신께 전해 드려야겠다. 묵직한 이야기를 전하기에는 나의 재주가 너무 짧다.

모티를 돌면 길이 나온다

    빨간불로 신호등이 바뀐다. 브레이크를 밟는다. 추석 연휴가 가까워지니 평소보다 차량 정체가 심하다. 음악이 끝나고 DJ의 멘트가 이어진다. 신호가 바뀌길 기다리며 진행자의 말에 귀 기울인다. 부산 구치소, 이정표가 보인다. 저 모퉁이만 돌면 문화원이다. 글쓰기 수업이 있어 가는 길이다.

    라디오 진행자의 기지로 한 생명을 구한 이야기다. 진행자는 여느 때처럼 청취자와 통화를 하며 신청곡을 받았다. 신청곡은 비지스의 〈홀리데이〉다. 청취자와 얘기를 나누다 이상함을 감지한 진행자는 시간을 끌며 라디오 부스의 동료들에게 상황을 알렸다. 동료들은 119에 전화를 걸어 전화번호를 알려 주며 위치를 추적했다. 신호를 따라 그들이 향한 곳은 남자의 차 안이다. 그는 소주 세 병과 번개탄을 사서 생을 마감할 준비를 하고 있었다.

    경찰관의 끈질긴 설득 끝에 그는 살아갈 용기를 내었고 다시 남은 생을 이어 나갈 수 있었다. 남자의 이야기는 며칠째 방송을 타고 있다. 만약 진행자가 그가 보내는 무언의 신호를 알아차리지 못하고 평소처럼 전화를 끊었다면 어땠을까. 아마 듣고 싶었던 음악이 흐르는 차 안에서 지난날을 회상하며 마지막 순간을 맞이했을 거다.

    더러 삶이 뜻대로 풀리지 않을 때, 이유 없이 우울감이 밀려올 때는 간절하게 쉬고 싶다는 생각이 들 때도 있다. 탈출구 없는 힘든 상황을 맞닥뜨렸을 때는 산다는 건 버티는 거라며 스스로 다독이나 막다른 골목에 내몰리면 여기가 삶의 종착점이라는 판단이 문득 스친다. 절박한 순간이 흘러가고 나면 언제 그랬냐는 듯 또 다른 힘으로 살아가고 있는 나와 마주한다.

라디오를 들으며 만약 삶의 휴일을 갖기로 마음먹게 된다면 그 순간 나는 어떤 음악을 듣고 싶을지 잠시 떠올려 보았다. 가족 친구 보고 싶은 얼굴들은 여럿 떠오르지만 듣고 싶은 음악은 딱히 없다. 비지스의 〈홀리데이〉는 그런 연유로 내게 특별히 다가왔고 음악을 들을 때는 여러 가지 일들이 스쳐 지나간다.

그가 죽음을 앞두고 어떤 연유로 〈홀리데이〉를 선택했는지 모른다. 여러 번 반복해서 들으면 평온한 목소리와 멜로디가 알 수 없는 위안을 준다. 후렴구마저 나른하여 마음의 빗장이 풀린다. 반복되는 You're a holiday, 삶의 무게에 짓눌려 스스로 추스르기도 버거워 남을 돌아볼 겨를이 없을 테니 누군가에게 그런 사람이 된다는 건 말처럼 쉬운 일은 아니다.

선택은 순간의 일이다. 뛰어도 밑바닥인 인생, 삶의 벼랑 끝에서 휴식을 선택할 수밖에 없는 사연이 한둘일 텐가. 살아가는 이유도 수만 가지지만 포기하는 이유도 수만 가지일 터다. 찰나의 순간에 누군가 손 내밀어 환기할 수 있다면, 결과는 달라질지도 모른다. 스스로 생을 포기하는 신문기사를 접할 때마다 막다른 골목에 내몰린 이에게 절실한 건 누군가의 작은 관심이라는 생각이 든다.

〈홀리데이〉를 들으면 자연스레 삼십여 년 전 여름의 일요일이 떠오른다. J와 몇 명의 탈주자 이야기다. '유전무죄 무전유죄'라는 말을 남긴 J가 비지스의 〈홀리데이〉를 들으며 스스로 생을 마감하려는 과정이 전국에 생중계되었다. 그와 일행들은 서울 일대를 공포에 떨게 하며 인질극을 벌였으나 인간적인 면모에 동정을 받기도 했다. 사회에서 소외된 이들의 삶이 남 일 같지 않아 연민을 느낀 이들도 있었다.

그는 오백여만 원을 훔쳤다는 혐의가 있었고 동종의 전과가 있다는 이유로 생각보다 중형을 선고받았다. 나머지 세 명의 절도 액수는 육백여 만 원, 당시 권력자의 가족은 수백억을 훔치고도 무죄 판결 났다. 돈 있는 자는 법망을 빠져나가니 잘못된 판결이라는 항변이었다. 극도의 흥분 상태에서 내뱉는 그들의 절규에 대다수 고개를 끄덕였다. 그들은 인질 가족에게 존댓말을 썼으며 카메라가 잡힐 때는 위협하거나 때리는 척했지만 귓속말로 절대 다치게 하지 않는다고 안심시켰다. 그는 절규하며 이렇게 말했다.

"사람은 다 똑같다. 나는 살아가는 길에 대해서 어떻게 가는지를 알지 못했다. 낭만적인 바람막이 하나 없이 이 사회에서 목숨을 부지하기에는 너무나 살아갈 길이 없었다. 돈과 권력 있는 사람은 다 피해 가고 없는 사람들만 죽어 간다. 초등학교밖에 못 나왔고. 이 사회에 적응하기 위해 자기 인생을 버렸다."

죄의 무겁고 가벼움은 우리가 판단할 수 있는 영역이 아니지만 우리는 선과 악을 구별하여 죄를 짓지 않으려 노력한다. 비교적 가벼운 절도범이었던 그가 탈주하고 인질범이 되어 죽음에 이르기까지 질주하는 그를 멈추게 할 지점들이 있었다. 하지만 방송을 통해 자신의 목소리를 내고 싶었던 애초의 계획과 달리 치달을수록 발목을 옭아맸던 덫은 그들을 옥죄었다.

극단의 생각에 사로잡혀 있을 때 잠시 멈추어 쉬어 갔더라면, 창을 열어 환기하듯 마음의 방향을 바꾸었더라면 어땠을까. 거침없이 질주하는 생각에 브레이크가 있었더라면, 핸들을 꺾어 다른 길로 접어들었더라면, 기회를 모두 흩어 버린 시간이 안타까웠다. 과속 페달을 밟아 죽음에 이른 그들의 선택이 오래 잊히지 않았다.

창살을 붙들고 흐느끼던 J는 주변의 소리에 둘러싸여 있으나 TV 화면에는 그의 얼굴만 클로즈업되었다. 이 세상에 혼자라는 생각, 어쩌다 여기까지 치달았나, 만감이 교차했을 순간의 복잡미묘한 감정이 화면에 그대로 드러났다. 숨길 필요도 숨길 이유도 없는 민낯은 생의 마지막을 준비하며 쓴웃음을 흘렸다. 최근 검거 영상을 보게 되었는데 그때는 무섭게만 보였던 그의 얼굴에서 우리들의 얼굴이 겹쳤다. 삶의 위기마다 스치고 발목 잡았던 감정들이 고스란히 되살아났다.

감정에 사로잡혀 멈추지 못하고 과속 페달을 밟았던 적도 있다. 공을 들이던 일이 틀어져 버리기도, 소중히 여겼던 꿈의 좌절도, 실수로 망쳐 버린 인연도 부지기수다. 혼자만의 아집에 사로잡혀 스스로 멈추지 못할 때 브레이크를 잡아 줄 누군가가 간절했으나 그대로 벼랑 끝으로 내리꽂혔던 적도 있었다.

이제는 그런 실수를 비교적 덜 한다. 의도적으로 감정의 속도를 줄이거니와 좌우 돌아보며 주변을 살필 마음의 여유도 생겼다. 부득이한 마찰에도 한 박자 늦추어 극으로 치닫지 않아 관계를 망치지 않는다. 모나지 않고 둥글게 사는 법을 배우고 있다. 하지만 여전히 미칠 듯이 분노할 때도 겁 없이 덤빌 때도 있다. 무모하지 않고 긴 시간 나를 소모하지 않을 뿐이다. 시행착오를 거듭한 끝에 얻은 지혜랄까.

그들이 하고 싶었던 말은 지금도 여전히 생각해 볼 문제로 남아 있다. 고속 성장으로 삶이 윤택해지고 살기 좋은 세상이 되었다고 하나 과연 우리는 그때보다 행복한가, 누군가 묻는다면 선뜻 대답하기 힘들다. 마음의 병은 더 깊어지고 스스로 생을 마감하는 이들의 숫자는 놀랄 만큼 늘었다. 좀 더 나은 세상으로 향하고 있다는 믿음에 확신이 서지 않는다.

시간을 놓이켜, 끝상 사수했더라면 비록 형량은 늘어났을지라도 모범수로 감면받거나 사면의 기회도 있었겠다. 형기를 마치고 더 나은 삶을 살 수도 있었을 테다. 그에게 간절했던 건 당신은 사랑받을 자격이 있고 자신만의 삶을 살아갈 가치가 충분한 사람이라고 누군가 말해 주기를 기다렸을 거다. 모든 이가 손가락질해도 나를 믿어 주는 한 사람만 있다면 살아갈 힘을 얻는다는데 우리는 그가 듣고 싶었던 말을 해 주지 못했다.

신호등이 초록불로 바뀐다. 그가 마지막 순간에 듣고 싶었던 〈흘리데이〉를 트랙에 맞추고 페달을 밟는다. 핸들을 꺾어 모티를 돈다. 모티는 모퉁이의 사투리다. 드디어 목적지에 다다른다. 우리의 삶도 모티를 돌면 새로운 길이 나온다. 비록 지금보다 거칠 거나 정답에 이르지 못하는 길일지라도 거기서 다시 시작해 볼 수 있다. 삶이 끝나지 않는 한 길은 있다고 수많은 모티는 말하고 있다.

바깥의
시간

　어르신들과 만날 때는 동선을 줄이기 위해 구역을 나눈다. 친분이 있는 분들끼리 묶고 업무 강도가 고르도록 방문 일정을 짠다. 대부분 홀로 생활하는 어르신들은 집에 있거나 가까운 공원에서 운동하는 것으로 소일한다. 칠팔십의 고령에도 불구하고 여전히 경제 활동을 하는 어르신도 더러 있다.

　새해가 시작될 무렵 복지관과 주민센터에서 노인 일자리를 공모한다. 어르신들은 자신에게 맞는 일자리를 찾아 서류를 넣고 결과를 기다린다. 비교적 건강한 어르신은 몸이 불편하거나 거동이 힘든 어르신을 방문해 활동을 보조한다. 도시락을 전달하고 경로당을 청소하고 마을 길을 쓸고 쓰레기 줍는 일도 한다. 어르신들이 노인 일자리에서 주로 하는 일들이다.

　하루에 서너 시간 일주일에 두세 번 일하면 급여가 삼십만 원 채 못 되지만 그마저 경쟁이 치열하다. 탈락하면 어쩌나, 안절부절못하며 결과를 기다린다. 계약하면 일 년 동안 활동하고 고정 급여를 받으니 공과금 걱정은 든다. 병원비에 보태기도 하니 돈줄이 막힌 노년의 살림에 작으나마 물꼬가 트인다. 주말에 한 번씩 얼굴 내미는 아이들이 가고 나면 남는 게 시간이다. 소일하기 딱 좋은 일자리다.

　노인 일자리가 인기 있는 이유는 금전보다도 인간적인 교류에 있다. 어르신들은 외출을 위해 옷을 차려입고 화장을 한다. 그동안 돌보지 않다가 자신감 넘치는 모습으로 앉아 있는 거울 속의 나를 보는 일도 즐겁다. 일정한 시간에 출근하고 동료를 만나고 그들과 오전을 보낸다. 무료한 일상에 활력을 불어넣어 주니 경쟁이 치열할 수밖에 없다. 급여가 얼마든 집 밖으로 나가 무언가를 한다는 사실에 의미를 둔다.

내가 담당하는 대상자 어르신 열다섯 명 중에 일자리에 나가는 분들은 다섯 명이다. 꽤 많은 분이 노인 일자리에 기대어 삶을 유지한다. 그분들을 방문할 때는 일자리 가는 날을 피해 방문을 잡는다. 일자리에 가지 않는 날에는 병원에 가거나 친구들 만나고 미루어 두었던 일을 하니 이래저래 만나기가 쉽지 않다.

안부 확인차 들러 집 안을 둘러보면 정갈하게 정리 정돈 되어 있다. 아직 활동력이 있으니 말벗을 해 드리거나 크게 도움을 드려야 할 일이 많지 않다. 적당한 사회활동은 신체 건강에도 좋은 영향을 미치지만 정신 건강에 더 큰 영향을 미친다. 몸과 마음이 건강한 상태는 어느 연령대나 삶의 질을 판가름하는 절대적 요소이다. 노년의 삶에서는 더욱 그렇다.

그런 어르신은 한가할 틈을 만들지 않으려 노력한다. 가까운 이웃들과 마을 놀이터나 공원을 찾아 산책하고 차를 타고 시외로 나물 캐러 가는 등 바쁜 일상을 보낸다. 방문이 약속된 날에도 외출을 나가기 일쑤여서 그런 분들은 어쩔 도리 없이 전화로 안부를 전하고 보고서를 작성한다. 대개 어디로 외출을 가니 오지 말라는 전화를 주는 편이지만 미처 말하지 못하고 훌쩍 떠나 집 앞에서 한참을 기다린 적도 있다.

생활지원사가 찾아와 말벗을 해 주는 것보다 스스로 가고 싶은 곳을 찾아가 그동안 쌓인 마음의 먼지를 훌훌 털어 버리고 온 날은 행복감이 더 크지 싶다. 도와드릴 게 없어 다소 서운하기는 해도 아직도 젊은 날 못지않은 활동력을 보이시니 다행이라 여긴다. 펑크 난 방문 일정은 카페에 앉아 차 한 잔 마시며 보낸다. 가방에서 책을 꺼내 못다 읽은 페이지를 넘긴다. 그런 날은 활기차게 생활하는 어르신들 모습에 마음이 흐뭇해진다.

어르신들에게 소중한 정보를 얻기도 한다. 마을에서 유명한 의원을 소개받았다. 대상자 어르신들이 많이 다니는 K 내과다. 어르신들과 대화를 나누면, K 내과에서 진료받고 가는 길이다, 오후에 K 내과에 약 지으러 간다, K 내과에서 건강검진 하다가 암을 발견했다, 그 동네에서 모든 병은 K 내과로 통했다. 그들과 함께 병원에 다니고 일과를 공유하고 고민거리를 나누며 함께 마을을 걸었다.

어르신의 진료가 끝나기를 기다리다가 무료하여 병원에 비치한 자동 혈압 측정기로 혈압을 쟀다. 혈압이 높았다. 호르몬 불균형으로 일시적으로 혈압이 올라갔다고 한다. 상담하고 약을 먹다가 운동과 식이요법을 통해 6개월에 걸쳐 서서히 줄여 나가다가 약을 끊었다. 어르신들이 다니던 병원에서 함께 진료받으며 이야깃거리도 생겼다.

과연 듣던 대로 명의였다. 오전 오후 손님은 끊이지 않았다. 밖에서 환자들이 줄을 서는데도 의사는 급한 기색 없이 성의를 다하는 게 느껴졌다. 사소한 질문 하나에도 성심성의껏 대답하고 고민하는 표정을 읽을 수 있었다. 작은 질병은 직접 치료하고 큰 병은 다른 병원으로 보내기도 하는 변두리 마을의 작은 의원은 지역 주민들에게는 대형 병원의 어떤 명의와도 비교할 수 없는 곳이었다. 명의는 환자에 대한 관심에서 비롯되는 것이었다.

나는 그들이 추천하는 미용실에서 염색하고 그들이 권하는 의원에서 혈압약을 짓고 그들이 다니는 식당에서 밥을 먹으며 생활지원사의 하루를 보냈다. 비록 삯은 일자리지만 긴장이 담보되어 일하는 노년의 삶, 나의 노년도 그들처럼 보내면 좋지 않을까 머지않은 노년의 모습을 그려 보았다.

그들과 함께 일 년여를 보내며 새로운 고민이 생겼다. 아홉 시에 시작해서 오후 두 시에 끝나는 근무 시간이 지나면 오후의 시간이 한없이 무료했다. 하루를 온전히 보낼 일터를 찾고 싶었다. 눈을 뜨면 갈 곳이 있고 동료들과 차 한 잔으로 하루를 시작하고 토닥토닥 푸념도 주고받고 그날의 업무를 서로 공유하니 함께 성장할 곳 말이다. 이별의 시간은 빨리 왔다. 연초에 수술한 곳이 탈이 났다. 재수술 날짜를 잡고 퇴사를 결심했다. 생각보다 빠르게 몸은 회복했다.

노인복지관에서 생활지원사로 근무하는 동안 배운 것이 많다. 어르신들의 안위를 챙기고 불편함이 무엇인지 살피고 도와드리는 동안 나를 향한 관심이 살아났다. 남을 사랑하는 일이 곧 자신을 사랑하는 일이었다. 내 안으로 문을 걸어 잠그고 건대의 자기 연민으로 우울했던 그때의 나를 그들은 바깥으로 꺼내 주었다. 내가 어르신들의 말벗이 된 것이 아니라 어르신들이 나의 말벗이 되어 주었던 거다.

　생활지원사로 활동하는 동안 내 안에 가라앉아 있던 앙금도 타인에 대한 원망도 현실의 어려움도 크게 느껴지지 않았다. 나에게는 아직 남은 것이 많았다. 그것 또한 무심코 지나치면 먼지처럼 흩어질 것들이다.

　시행착오를 거듭하며 여기까지 오는 동안 겪었던 일들은 앞으로 나아갈 시간을 위한 성장의 디딤돌임을 깨달았다. 여기까지 생각이 미치자, 비로소 지나온 시간의 나와 화해할 수 있었다. 어르신들과 보낸 일 년의 시간은 나를 세상 밖으로 나오게 한 바깥의 시간이었다.

전지적 고양이 시점

    오늘도 문숙은 외출에서 돌아와 신발을 벗고 옷을 갈아입고 샤워를 해. 나는 그녀가 벗어 놓은 신발과 옷가지를 통해 바깥의 공기를 느끼지. 어젯밤 집을 나서기 전, "나이트 근무는 금비, 금복이랑 헤어져 있어서 싫어." 나의 볼에 그녀의 볼을 비비며 말했어.

    나는 그녀의 냄새를 맡으며 다녀온 곳이 어딘지 짐작해. 오늘따라 그녀의 옷에서 에탄올 냄새가 짙게 묻어나. 어젯밤 누군가 세상을 떠나고 그녀는 공손하게 주변을 정리하고 마지막 인사를 건넸을 거야. 마치 부모님을 떠나보내듯 경건한 마음으로 그들을 배웅하였을 테지.

    그녀가 그런 밤을 보내고 온 날은 어떤 날보다 걸음이 무거워. 생과 사의 갈림길에 서 있던 그들을 보내고 떨어지지 않는 발걸음을 옮겨 겨우 집으로 돌아왔을 거야. 신발에도 감정이 있다면 짙은 회색빛 어둠으로 잔뜩 물들어 있을 거거든. 그녀가 느끼는 고통과 연민의 마음이 코끝으로 전해 올 때면 나는 오래 그녀 주위를 맴돌아. 그건 그녀를 위로하는 나만의 방식이야.

    우리가 그들을 집사라 부른다지. 시크하고 도도한 걸음걸이에서 풍기는 이미지가 그런 오해를 불러일으키나 봐. 요즘 그들이 마음대로 갖다 붙인 반려라는 수식어만 봐도 그래. 혼자 사는 사람들이 늘어나고 결혼해도 아이를 낳지 않으니 평생을 함께 살아갈 반려가 필요했던 거잖아. 사람의 욕구와 욕망으로 인해 우리는 직위를 부여받은 거지.

　사람들은 우리를 보살펴 줄 때 뿌듯함을 느끼지. 동정이든 연민이든 그건 무조건 사랑이라고 봐. 누군가에게 영향력을 미치고 조건 없이 마음을 쏟아부을 수 있는 건 사랑이 아니고서는 불가능해. 우리도 마찬가지야. 육체적이든 정신적이든, 기쁨도 고통도, 사람들과 크게 다를 바 없어. 아무런 구원도 약속되지 않는 고통이란 없거든. 위로와 치유가 수반되는 고통이 지난 후에야 누구든 한층 더 성숙해지는 법이지.

　문숙은 부엌으로 가서 짙게 우려낸 캐모마일 한 잔을 마셔. 하얀 꽃잎이 컵 위쪽으로 떠오르는 모양을 바라보다가 차를 다 마신 후 곧장 책상 앞으로 가서 하루의 일을 노트북에 옮겨 적지. 소설을 구상하고 시를 쓰고 수필을 다듬기도 해. 한동안 글에 몰입하며 지난밤 일을 잊을 수 있어. 밤을 지새우는 건 쉬운 일이 아니지만 두 시간 눈을 붙이고 난 후라 극심한 피로는 가셨나 봐. 집으로 돌아와 한두 시간 글에 빠지는 건 견디기 힘든 일은 아니야.

　동물들의 고통은 인간의 고통보다 견디기 어렵다고 말한다지. 사람들이 고통의 순간에 신과 누군가에게 도움을 요청할 때 우리는 신과 누군가에게 구원을 요청할 기회가 그들보다 적다고 생각하기 때문이지. 틀린 말은 아니지만 맞는 말도 아니야. 우리가 위기에 처했을 때 현실에 있지 않은 누군가를 떠올리거나 신이라는 존재를 떠올리지는 않는 건 아니거든. 우리에게도 신은 있어. 인간이라는 절대적 존재라는 사실이야.

 문숙이 병원에서 근무하며 출퇴근하는 버스에서 독서를 하고 새벽에 일어나 글을 쓰잖아. 책을 만들기 위해 작품을 다듬으며 시간을 쪼개어 사는 그녀의 일상을 어떻게 설명할까. 그녀가 여러 가지 힘든 상황에도 문학의 끈을 놓지 않는 이유를 말로 설명하기는 그리 간단치 않아. 고집스럽게 지켜 나가고 싶은 게 있는 거지.

 문숙의 내면에는 자신만의 고유한 언어를 지키고 만들어 가고 싶은 꿈이 있어. 그녀만의 언어를 유지하고 발전시키는 일이야말로 자신의 정체성을 지키는 일이라고 굳게 믿고 있어. 문숙이 글에 빠져드는 이유 중 하나는 세상의 언어에 휘둘리지 않으려는 거야. 어떤 형태로든 창작자의 언어로 소통하고 교류하는 일은 멋진 일이야.

 문학을 한다는 건 그때그때 미봉책으로 만들어져 쓰임을 다하면 버려지는 새털처럼 가벼운 언어에 반기를 드는 일이라고 생각해. 통속적인 시류에 맞서고 그녀만의 언어를 만들어 가는 일은 문숙을 살아 있게 만들어. 그래서 문숙은 시대를 아우르는 고전과 문학작품을 읽으며 새로운 언어로 꿈꾸는 세상을 그려 나가고 있어.

 그녀가 창조한 세상은 한계라고 느끼는 자신의 굴레에서 벗어나도록 이끌어. 사람들이 누려 보지 못한 낯선 경험으로 안내하기도 해. 작품 속 에피소드는 우리 곁에서 일어나 생생히 살아 숨 쉬는 일들이야. 이야기 속 인물은 누군가의 삶을 바꾸기도 하지. 작품에 매료되어 있는 동안 골머리를 썩이던 일로부터 도피하는 황홀경은 또 다른 창작의 즐거움이야.

글자를 따라가며 자유로운 이미지, 향기, 목소리를 상상하며 책을 읽지. 자음과 모음의 배열을 따라 그림을 그리듯 세밀하고 복잡한 경험을 온몸으로 느끼는 거야. 작품 속 세계는 현실의 삶보다 훨씬 가까이 다가오지. 그럴 때 우리는 전율하거든. 책 읽기는 현실과 이상의 균형을 맞추는 시소 타기이자 건강한 정신을 유지하기 위한 주문이기도 해.

문숙에게 졸음이 찾아올 때 보내는 신호를 나는 알아챌 수 있어. 허리와 등을 곧게 펴는 시간의 주기가 짧아져. 그럴 때는 책상 위로 올라가 그녀의 팔을 슬쩍 건드려. 키보드 위를 걷거나 문숙이 보던 책 위에 올라가 앉을 때도 있어. 문숙은 팔을 뻗어 "금비, 잠 오는구나. 엄마랑 자자." 다정한 말을 건네며 파일의 저장 키를 누르지. 노트북의 화면을 닫아. 나를 번쩍 안아 들고 침대로 가. 나는 문숙의 팔에 안겨 그루밍을 하며 그녀의 손가락을 핥기 시작해.

문숙은 침대에 누워서 음악을 들어. 나는 졸린 눈으로 이불을 덮은 그녀의 배 위에 앉아 손가락을 핥다가 꾹꾹이를 하지. 문숙이 내 머리를 쓰다듬어. 몇 번의 꾹꾹이가 채 끝나기도 전에 문숙의 고른 숨소리가 방 안을 울려. 이내 코 고는 소리가 들리지.

문숙이 잠드는 모습을 보며 나는 생각해. 문숙은 나라는 존재가 가면을 쓴 누군가가 아닐까 생각하는 거 같아. 누군가의 영혼이 깃들어 가면을 쓰고 그녀를 지켜 준다고 믿지. 그렇다면 우리에게 여러 개의 가면이 있다는 것, 지금 내 모습 뒤에 숨겨진 존재는 누구이고 나와 같이 캣폼에 앉아 졸고 있는 고양이 금복이는 누구인지.

언제부턴가 우리 앞에 붙여 준 반려라는 이름도 그런 맥락일지도 몰라. 어쩌면 우리의 존재를 알아차리고 그에 합당한 자격을 부여해 주었을 거야. 우리를 대할 때는 그들의 친구, 형제자매처럼 대하잖아. 우리의 역사 그 어느 때보다 지위가 상승하였으니 고마울 따름이야.

문숙의 잠든 모습을 보며 나도 생각해. 문숙이 가면을 쓰고 있는 건 아닌지. 거울에 비친 그녀는 나와 다른 모습이지만 그녀가 나를 낳아 준 엄마라고 생각할 때도 있어. 내가 세상에 나와 눈을 뜨자마자 처음 본 사람이 문숙이거든.

내 생각을 알 리 없는 그녀는 아침에 눈을 뜨자마자 나를 꼭 껴안을 테지.

"금비, 넌 누구냐?"

나에게 입을 맞추며 일어나겠지.

나는 그녀의 입술과 손등을 핥으며 노래할 거야.

"냐아옹, 니아옹, 냐아아아아옹."

 꽃길
따라서

　주말, 느긋한 아침을 먹고 집을 나선다. 아직 쌀쌀함이 가시지 않은 바람에 저절로 옷깃을 여민다. 지난해보다 이른 벚꽃의 개화에 맞춰 여기저기 축제의 분위기가 무르익고 있다. 봄맞이 나온 상춘객들의 발길이 분주한 걸 보니 봄은 봄인가보다.

　집 가까운 낙동강 제방에서 낙동강 정원 벚꽃 축제가 열린다니 슬며시 축제에 발을 들여놓는다. 르네시떼에 주차하고 밖으로 나온다. 도로와 맞닿은 열린 마당에는 노래자랑 행사가 한창이다. 육교에 올라 한눈에 드러나는 낙동강을 바라본다. 길게 누운 낙동강 한가로운 물살을 딛고 날아오르는 새떼 소리 들리는 듯하다. 봄꽃들이 번지는 공원의 곳곳에는 파스텔 물감을 뿌려 놓은 듯 고운 봄이 번져 있고 초록의 습지에도 봄빛이 완연하다.

　삼삼오오 짝을 지은 이들은 봄빛 따라 어디론가 향한다. 육교에서 내려 그들을 따라 강둑에 들어서니 오래된 벚나무에 만개한 꽃들이 일제히 꽃등을 켠다. 송이마다 축포를 터트리며 축제의 절정을 향해 일제히 치닫는다. 나무들은 가지 끝에서 끝으로 손을 맞잡고 꽃 터널을 만든다. 마치 서로의 어깨를 얼싸안아 나무들 사이를 오가는 사람들을 토닥이는 것만 같다.

　강둑에는 꽉 찬 봄 물결이 흥건하다. 만화방창, 산과 들에 온갖 꽃들이 벌고 만물이 희망에 터져 오르는 봄이 오면 갯가 꽃들은 시샘이라도 하듯 얼굴을 내민다. 오다가다 잠시 다녀가기 좋고 시시때때로 아무 때나 와도 늘 그 자리에서 반겨 주는 곳, 낙동강 둔치는 찾아드는 인파에도 지칠 줄 모른다.

낙동강 정원 벚꽃 축제가 한창이다. 구간마다 곳곳에 즐길 거리가 놓여 있어 심심할 틈이 없다. 부부는 말없이 걷는다. 봄 물결에 떠밀려 이리저리 흔들려도 그것조차 흥감하다. 포토존에서 은근한 미소 지으며 오늘을 남기고 푸드트럭에서 회오리 감자를 사서 벤치에 앉는다.

한 걸음 앞으로 다가선 낙동강을 본다. 저곳에서 새첩을 집아 밤새 끓여 낸 재첩국을 팔러 하단 시장과 부산 시내 골목길로 누비던 우리 어머니 아버지의 삶의 원천인 곳이다. 머릿수건으로 똬리 틀어 재첩국 양동이 이고 지고 새벽 거리에 서서 '재첩국 사이소' 외치던 여인의 뒷모습을 본다.

저기쯤에서 작은 배를 띄워 고기잡이 나간 아버지의 모습도 겹친다. 강바람 타고 넘는 물살에 맞서 삶의 터전을 지켜 내느라 인생을 걸었던 아버지의 길이다. 처자식 먹이고 입히느라 뼈가 삭는 줄도 모르고 강물과 한 몸이었던 우리들의 아버지, 아버지의 굽은 허리처럼 강물은 둥그런 허리를 펴고 쉬었다 흐른다.

사방에 퍼지는 축제의 소리를 들으며 자리에서 일어난다. 앞서거니 뒤서거니 시시콜콜한 농담 주고받지 않아도 서로의 마음을 아는 터 빠른 걸음으로 다가가 슬며시 손을 잡는다. 대학에 진학하며 청춘

남녀로 만나 설레던 날들과 방학이면 사상 공단에서 아르바이트로 학비를 벌어 학업을 이어 가던 일도 결혼 후 아이들을 키우며 알콩달콩 보냈던 추억도 경험 없이 덤벼든 사업 실패로 가정이 휘청거렸던 때도 맞잡은 두 손에 흐른다.

어제 지나온 길이 이어져 오늘 걸어가는 길은 펼쳐지고 또 내일로 이어져 서로의 삶을 단단히 엮어 주고 있다. 남편과 맞잡은 손이 오늘따라 더 따뜻하다. 서로 어깨를 기대어 꽃 터널을 이룬 저 나무들처럼 어제의 청춘남녀는 중년이 되어 서로의 어깨를 기대며 간다. 앞에 놓인 길이 그리 겁나고 두렵진 않으리라. 삶의 허들을 넘어 오는 동안 지혜가 생겼음이다.

넝쿨계단에는 벚꽃 테마 무료 체험 부스가 설치되어 있다. 벚꽃 페이스 페인팅, 벚꽃 네일아트, 키다리 풍선, 벚꽃 소원 리본, 넝쿨계단 통로에 소원지, 포토존과 소원 리본을 묶어 두는 기원 퍼포먼스가 열리는 다양한 체험 부스가 있다. 벚꽃잎으로 물든 손톱을 보며 환하게 웃는 아이와 엄마의 얼굴에도 꽃이 활짝 피었다.

노부부가 소원을 적은 리본을 묶고 있다. 평탄하기만 한 인생이 있을까마는 편안해 보이는 표정에서 그들이 걸어온 길을 짐작해 본다. 정신없이 뛰었던 청춘 시절, 현실에 대한 원망과 바쁜 일상 속에 대화는 줄고 서로의 눈길조차 외면했던 시간도 지나온 모습이다. 비탄에 빠져 생을 포기하고 싶은 순간도 내일은 오늘보다 나아질 거라 믿으며 헤쳐 나왔는지도 모른다. 눈앞에 펼쳐진 저 벚꽃길처럼.

나 역시 살아오면서 힘든 순간들이 있었다. 그즈음 어느 화가의 그림을 보았다. 낙동강을 배경으로 한 유화이다. 나무 두 그루 아래 평상이 있고 낙동강을 보며 걸어가는 젊은 남녀가 눈에 들어왔다. 그림 속에서 우리 부부의 모습을 보았는지, 짙푸른 남색의 낙동강에서 고향에서 흘러든 물줄기를 상상했는지는 알 수 없다. 큰마음 먹고 그림을 사서 집 안에 들여놓았고 거실에 걸어 놓고 볼 때마다 위안을 받는다. 그림은 아직도 거실 벽에 걸려 있다.

그런 인연 때문인지 시간이 꽤 흘러 사상문화원의 편집장으로 일하게 되었다. 사상구의 행사에 참석할 기회가 많아졌다. 삼락생태공원에서 열리는 행사가 종종 있어 이곳에 올 기회도 많다. 이곳에 올 때마다 그림과의 인연, 문화원과의 인연을 떠올린다. 그림이 우리를 맺어 주었는지 낙동강이 우리를 엮어 주었는지 인연을 생각하며 혼자 웃는다.

오늘처럼 무료한 중년의 부부가 주말을 보내려고 이곳을 찾아 나서서 꽃길 따라 걸으니 더없이 한가로운 봄날이다. 꽃길만 걸어온 인생이 있을까마는 가시밭길이라고 느끼며 안간힘을 써서 빠져나오려 애쓰던 시간도 행복에 겨워 콧노래를 부르던 때도 지나고 보니 아름답지 않았던 순간이 없다. 흔히 끝이 좋으면 모두 좋다고들 말하지 않는가. 지나고 보니 매 순간이 꽃보다 귀한 날들이었다.

낙동 제방 벚꽃 길 위에 서서 먼 옛날로 거슬러 올라 이 길을 걸어온 이들의 발길을 느끼며 걷다 보니 축제의 길은 끝났다. 어느새 집으로 돌아갈 시간이다. 많은 이들이 시름을 풀어 놓고 내일의 희망을 안고 떠나는 벚꽃 길은 오래전 이 길을 걸었던 분들의 노력과 희생으로 피어났다.

  손에 손 맞잡고 집으로 돌아가는 뒷모습을 본다. 잡은 손 놓지 않으리라는 다짐이라도 하는 듯하다. 사랑하는 사람과 함께 걷는 그 길이 꽃길임을 알고 있는 까닭이다.

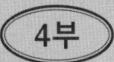

4부
은행이 익어 갈 때

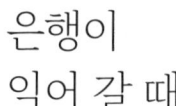

은행이
익어 갈 때

 이른 새벽 출근길, 인적은 드물고 거리는 한산하다. 더위가 한풀 꺾이고 아침저녁으로 선선한 바람이 불어오니 제법 걸을 맛이 난다. 하루의 청사진을 그리거나 이런저런 생각에 잠겨 걷다 보면 해결하지 못한 일의 실마리도 잡게 된다. 매일 새 옷을 갈아입는 거리의 풍경은 덤이다.
 아파트를 돌아나가면 백정화 가로수 길이 나온다. 봄부터 가을까지 하얀 눈꽃 같은 꽃송이를 쉴 새 없이 터트리는 백정화는 두메별꽃이라는 친근한 애칭도 있다. 이름마저 청초한 모습에 어울리는 달콤한 향기가 거리에 번지면 별꽃 나라 이야기를 쉴 새 없이 건네는 것 같아 소녀처럼 마음이 설렌다.
 사거리를 지나면 은행나무 가로수 길이 나온다. 노란 은행잎이 사방을 샛노랗게 물들이는 거리를 걸을 때는 마치 유럽의 어느 나라에 온 듯한 착각에 빠진다. 밤새 떨어진 잎들이 아침 햇살을 받아 반짝일 때는 황금빛 주단을 깔아 놓은 듯 눈이 부시다.
 사뿐히 지르밟으며 '낙엽은 폴란드 망명정부의 지폐'로 시작하는 김광균의 〈추일서정秋日抒情〉, 시 한 수를 떠올린다. 시대와 풍경은 달라도 가을에 느끼는 정서는 대개 비슷한 모양이다. 시에 나오는 포플러나무가 아니라 은행나무라는 사실만 다를 뿐 가을이 주는 호젓한 정취에 흠뻑 젖는다.

거리를 걷거나 운전 중에 불타는 듯 서 있는 아름드리 은행나무를 볼 때는 전신을 타고 흐르는 무언가를 느낀다. 나무가 전하는 이야기에 주파수를 맞추느라 심장에서 뻗어 나온 촉수가 온몸과 마음을 사로잡는다. 깊은 심호흡으로 나무가 건네는 무수한 이야기를 받아 적는다.

고약한 냄새를 풍기는 열매를 이리저리 피해 가며 걷는 것도 은행나무 아래에서만 나눌 수 있는 이야깃거리니 빈집지 아니한가. 미처 피하지 못하고 밟아 종일 따라다니는 구릿한 냄새에 난처했던 적이 있을 거다. 은행을 밟았다고 구차한 변명을 늘어놓기도 뭣하여 안절부절못하는 것도 가을에만 볼 수 있는 은행나무가 주는 멋스러운 추억이다.

은행나무가 내게 특별한 의미로 다가온 것은 처음 겪는 COVID-19로 온 세상이 실의에 빠져 있을 때다. 처음 겪는 이 상황은 낯설고 불편했다. 거리 두기와 영업시간 규제로 손님의 발길이 끊긴 식당의 폐업 소식이 심심찮게 들려왔다. 하루가 다르게 쏟아지는 방역 수칙과 수정을 거듭하며 바이러스와 맞서는 정책 속에서 생계마저 위협당한 이들은 필사적으로 살길을 모색했다.

그때 나는 계획되었던 수업이 줄줄이 취소되어 언제 끝날지 모르는 암울한 현실에 속수무책이었다. 세상을 헤쳐 나갈 나만의 무기 하나 없이 용케도 살아왔구나 하는 자괴감과 앞으로 살아갈 길이 막막하여 갈피를 잡지 못했다. 망망대해에 던져져 홀로 표류하는 조난자가 된 기분이었다. 스스로 헤엄쳐 빠져나갈 길을 필사적으로 찾았다. 지금까지의 삶에서 이처럼 큰 위기감을 느끼기는 처음이었지 싶다.

고민 끝에 간호학원에 등록했다. 간호사인 딸을 보며 환자를 돌보는 일은 보람 있고 가치 있는 일이라고 생각했다. 집 근처 시민 공원에서 학원이 있는 로터리까지 20여 분 거리를 매일같이 걸어 다녔다. 철학자 칸트의 산책처럼 일정한 시각에 집을 나서 생각에 골몰하는 시간이었다.

매일 저녁 11시에 끝나는 이론 수업이 끝나고 요양병원 중환자실에서 보낸 실습 기간에는 코로나가 심해질 때마다 달라지는 방역지침으로 혼돈의 시간을 보냈다. 감염자가 늘면 비대면 수업을 하고 줄어들면 정상 수업을 하며 우여곡절 끝에 과정을 마칠 수 있었다. 코로나 이전의 세상이 직접 가고 보고 느낄 수 있는 예측 가능한 현실이었다면 코로나가 창궐하던 기간에는 한 치 앞도 예측할 수 없는 시간이었다.

학원 수업을 마치고 돌아와 밤을 지새우며 자격증 공부에 몰입했다. 그해에 취득한 자격증이 여섯 개였으니. 어디에 쓰려는 계획도 없이, 닥치는 대로, 무작정, 그래야 안도할 수 있었다. 간호조무사 자격 과정을 공부하는 동안 글을 향한 꿈은 점점 더 선명해졌다.

글쓰기를 위한 나만의 노력도 쉽지 않았다. 귀에는 이어폰을 꽂고 소설을 듣거나 창작에 관한 자료들을 들으며 그 시간을 걸었다. 수업을 마치고 집에 돌아와서는 그날의 일들을 기록했다. 자격증을 취득하는 일 년 동안 그 거리를 걸으며 가로수의 나무들처럼 나만의 이야기를 부름켜에 켜켜이 쟁여 나갔다.

 그날도 여느 날처럼 그 길을 걸었다. 한여름에 짙은 초록의 나뭇잎을 카메라에 담으려고 나무를 올려다보았다. 그때 은행잎 사이로 몽글몽글 뭉쳐 가지마다 촘촘히 매달려 있는 은행 열매가 눈에 들어왔다. 은행잎이 없었다면 청매실이 아닌가 착각할 정도로 실하고 탐스러운 초록의 알맹이였다. 지금껏 노랗게 익은 은행만 보았지 연둣빛 은행알이 비바람 맞으며 햇살에 익어 가는 모습은 처음 보았다.

 십여 년 가까이 그곳에 살아도 가로수가 은행나무였다는 것을 알아차리지 못했다. 주로 차로 이동해서 보지 못했거나 간혹 걸을 때도 관심사가 따로 있었기에 눈에 들어오지 않았을 거다. 해마다 노란 은행나무를 보면서 초록의 은행나무를 떠올리지 않았던 건 가을의 은행잎이 워낙 강렬하게 각인되어 있기 때문일 거다.

 그날 이후 여린 은행잎이 색을 더하고 은행이 몸피를 불리느라 도톰해지는 것을 보며 걷는 즐거움에 빠져들었다. 은행나무에 기대어 사는 삭은 풀들을 보며 글감을 찾고 푸른 하늘을 씨를 듯 높이 뻗어 나간 나뭇가지에 걸린 구름을 사진에 담았다. 은행은 봄여름에는 사방 초록에 묻혀 제 색을 드러내지 않는다. 한여름 뙤약볕에 만물이 익어 갈 때 은행도 시나브로 익어 간다.

 사방 천지가 푸르고 창창할 때는 제 모습이 드러나지 않는다. 시간이 흘러 저마다 어떤 색으로 빛날지. 만약 이 길을 걷지 않았다면, 학원에 등록하지 않았다면, 삶을 다시 시작하려는 마음을 먹지 않았더라면, 아직도 은행의 참모습을 알아차리지 못했을 거다 자격증을 취득하고 요양병원에 취업했다. 주로 인생의 마지막을 준비하는 환자를 돌보는 일이다. 한 분 한 분의 삶을 보는 일은 수백 년 세월을 버텨 낸 나무의 생애를 보는 것과 다름없다. 힘들고 어려웠던 시절, 고난의 시간을 헤쳐 나온 당당함을 읽어 내려가노라면 숙연하여 절로 고개 숙이게 된다. 한 시대를 지나온 영웅들의 남은 생을 돌본다는 건 여간 가슴 벅찬 일이 아니다.

그 후로 자주 은행나무를 올려다본다. 비바람 맞으며 실하게 영글고 있는 열매에 눈길이 머문다. 새로운 길 위에 서서 걸음마를 떼는 아이와 다를 바 없는 내 처지 같아서다. 한 번도 가 보지 않은 길에 서니, 제풀에 의지가 꺾여 포기하고 싶은 마음이 들지는 않을까 두려움이 앞설 때가 있다. 그럴 때마다 그날의 은행을 떠올린다.

나무들이 숨겨 온 제 빛깔을 드러내는 가을이 오면, 은행나무는 제 몸을 서서히 황금빛으로 물들인다. 그제야 우리는 제각기 품은 감성으로 은행 예찬에 앞다툰다. 가을은 바야흐로 은행의 계절이다. 잘 영근 열매를 가지마다 매달고 불타는 나무를 본다. 빼곡한 잎들 사이에서 늦은 가을까지 여무는 은행을 볼 때마다 우리들의 이야기 같아 코끝이 시큰해진다. 보는 이 없어도 저리 실하게 여물고 있구나!

한 줄기 바람이 불어와 은행잎을 떨군다. 길 위에 구르는 은행잎을 줍는다. 나의 작은 손길이 사람과 사람 사이, 관계 맺음의 전부인 그들에게로 간다. 잘 익은 가을을 보여 줄 수 있을 거란 생각에 가슴이 뛴다. 오늘도 나의 하루는 알알이 여물어 간다, 은행이 익어 갈 때처럼.

능소화 붉게 타는
창 너머

　오후 다섯 시, 병동의 저녁 식사 시간이다. 음식을 입으로 삼킬 수 없는 어르신들의 위관 영양을 마무리해 놓고 나면, 스스로 수저를 들고 음식을 삼킬 수 있는 환자와 누군가의 도움을 받아야 먹을 수 있는 환자들의 저녁밥이 들어온다. 혈압과 당뇨, 저작과 영양 상태에 따라 달리 차린 이름이 적힌 식판이 들어오고 분주하게 주인을 찾아가는 식판들을 확인하며 병실로 향한다.

　문을 열고 들어간 방 안에는 벽에 머리를 기댄 침대가 놓여 있다. 겨우 한 평 남짓한 직사각형 집에서 그들은 하루를 산다. 아침에 눈을 떠 깨어 있음을 확인하고 누군가 떠서 먹여 주는 식사를 하고 옆자리에 누운 이와 뜻 모를 이야기를 주고받는다. 하루를 환하게 밝혀 주었던 해님이 떠나고 어스름 달빛에 저녁별이 떠오를 무렵 홀로 잠드는 곳도 이곳이다.

　창가로 가서 창문을 연다. 환하게 쏟아지는 빛 사이로 잔꽃들이 흔들린다. 옥상에 있던 능소화 가지가 외벽을 타고 내려와 얼비친 풍경이다. 고가도로에 차들이 밀리기 시작하는 걸 보니 퇴근 시간이 시작된 모양이다.

　고가도로 너머에 하늘을 찌를 듯 솟아오른 고층 빌딩들 사이로 능소화 가지가 주렴처럼 드리워져 바람에 흔들린다. 창 너머 방 안 풍경이 궁금해서 가지를 뻗은 것일까. 주택가 야트막한 담장에서 보았던 능소화가 도심의 빌딩 숲 하늘에 닿아 여름 하늘을 주황빛 꽃으로 수놓았다. 사각의 창틀에 한 폭의 그림을 걸어 놓은 것 같은 바깥 풍경이 이색적이나 이곳과 꽤 잘 어울린다.

여름 저녁 시간은 더디 온다. 한낮의 열기를 풀어 놓고 서산으로 기울던 태양도 산 중턱에 비스듬히 앉아 쉬어 가는 해거름이다. 해는 남은 열기를 모두 토해 백양산을 붉게 물들인다. 하루의 따사로운 기억을 모아 빚어낸 오래된 부챗살 같은 저녁 햇발은 지친 마룻바닥으로 슬며시 내려앉는다.

날마다 보는 태양의 옆모습이지만 볼 때마나 새로운 의미로 다가와 '나는 오늘 또 어떤 하루를 살았는가' 스스로 묻는다. 마음만 앞서 유난을 떨어 불편하게 하진 않았는지, 생각이 미치지 못하여 보고도 못 본 체 지나지는 않았는지 되돌아본다.

병실에는 네 명의 할머니가 서로에게 기대며 생활한다. 오가는 대화를 귀 기울여 듣노라면 듣는 대상이 있어서 하는 말이 아니다. 자신의 이야기를 일방적으로 건네고 그 말을 들은 사람은 또 자신의 이야기를 이어 나갈 뿐이다. 간혹 상황에 맞는 응수를 건네기도 하나 그건 우연에 가깝다. 그러다가 서로 마주 보고 웃기도 하니 얼핏 보면 보통 할머니들의 수다가 아닌가 싶을 때도 있다. 수시로 병실에 들러 대화에 끼어들기도 하고 따라 웃으며 하루를 보내는데 그들과 함께 있으면 미소가 절로 나며 마음이 편안해진다. 나 역시 저 나이에 이르면 그들과 크게 다른 모습이지 않을 거라는 동병상련의 마음

때문일 것이다.

한창 식사하고 있을 때 옆자리에서 노랫소리가 들린다. 소리가 나는 위치는 '여보세요 할머니' 자리다. 식사 수발을 하는 요양보호사 둘이 할머니와 함께 노래를 부르고 있다. "노세, 노세, 젊어서 놀아." 요양보호사가 선창하고 할머니가 뒤를 잇고 후렴구는 같이 불렀다. 몇 숟갈 뜨고 입을 꼭 다물고 있는 할머니께 밥 한술이라도 더 드시라고 어르고 달래며 장단을 맞추고 있다. 귀엽고 얌전한 외모와 달리 노랫소리는 구슬프고 구성지다.

보지 않아도 짐작이 되는 상황이다. '여보세요 할머니'는 몇 술 뜨고 배부르다며 그만 먹겠다고 하거나 한술 뜨고 꾸벅꾸벅 졸 때도 있어 식사를 챙기는 분들이 애를 먹는다. 건강한 사람이나 아픈 사람이나 잘 먹고 잘 자고 잘 내보내면 그게 제일 큰 복이다. 요양병원에서는 음식을 잘 먹는데 아픈 사람은 거의 없다. 갑자기 식사량이 줄거나 식욕이 없으면 기어코 탈이 난다. 반대로 아프다가도 이전 식욕을 회복할 때는 병세 또한 호전되는 것을 볼 수 있다.

'여보세요 할머니'라 부르게 된 건 할머니가 오자마자 있었던 일 때문이다. 체온을 잴 때 성함을 묻고 절차를 거쳐 체온계를 귀에 넣었더니 갑자기 여보세요? 하더란다. 매번 잴 때마다 여보세요? 하니 직원들 사이에서 '여보세요 할머니'라 불리게 되었다. 콩트 같은 상황에 참았던 웃음이 터져 나올 때가 한두 번이 아니다. 멋쩍게 따라 웃을 때면 웃음의 결 따라 생긴 깊은 주름이 한 송이 꽃처럼 무늬를 그린다.

어린 제비처럼 입을 벌려 받아먹는 할머니를 보며 나도 노래를 따라 불렀다. 병실에 노래판이 벌어졌다. 오늘따라 흥겨워서 그런지 들고 있던 숟가락도 춤을 춘다. 기분이 좋아진 할머니들도 음정 박자 틀려도 노래를 이어 부르며 식사를 끝냈다. 말끔히 비워진 식판을 밖으로 내놓고 자리를 정리한다. '여보세요 할머니' 덕분에 나도 덩달아 기분이 좋아진다. 기분 좋은 일이 있어서 웃는 게 아니라 웃어서 기분이 좋아진다면 백 번 천 번이라도 웃을 수 있지 싶다.

처음 근무를 시작했을 때 중환자들이 많은 병동이라 긴장되었다. 일반 환자들보다 더 많은 관심과 손길이 필요하고 언제든 응급 상황이 터질 수 있는 환경이기 때문이다. 현재의 상태를 유지하는 것이 최선이거나 호전의 기미가 보이지 않는 분들을 보는 일은 마음에 무게를 더했다.

대화가 거의 없는 중환자실에서 벗어나 비교적 건강한 환자들이 있는 병실에 갈 때면 수시로 말을 걸게 된다. 별 의미 없는 말일지라도 그 순간이나마 귀 기울여 들어 주고 싶은 까닭이다. 할머니들이 있는 병실에 가서는 시시한 농담의 말로 분위기를 띄우기도 한다.

소란하던 식사 시간이 끝났다. 오지 않을 것 같던 밤이 찾아오고 어르신들도 하나둘 잠자리에 든다. 미처 챙기지 못한 건 없는지 방 안을 둘러본다. 침상 난간을 올리고 이불을 덮어 드리고 한 분씩 얼굴을 들여다보며 잠자리를 살핀다. 미소 띤 얼굴로 깊은 잠에 빠져들었거나 잠을 청하며 자리를 뒤적이거나, 모두 행복한 꿈을 꾸며 편안히 쉴 수 있기를 기도한다. 삶의 어느 한 지점에서 잠시 쉬어 가는 곳, 매일 매 순간 이곳에서 일어나는 일들이 나를 울컥하게 한다. 감출 것 없고 꾸밈없는 이곳의 이야기는 그래서 너무나 따뜻하고 감동적이다. 오늘 또 하나의 이야기를 가슴에 담는다.

내 나이 오십 무렵 생채기를 치유할 묘약으로 수필을 선택했다. 울고 웃으며 글에 몰입하는 동안 답답했던 마음이 환하게 풀렸다. 개운해진 마음으로 주위를 둘러보니 다른 이들의 상처들이 눈에 들어왔다. 자연스레 누군가를 보듬어 줄 마음도 생겨났다. 새로운 직업을 선택하고 그들과 가까운 곳에서 일어나는 이야기를 옮긴다. 우리 모두의 이야기이기 때문이다. 나의 삶에 신의 한 수가 있다면 뒤늦은 나이에 글을 만나고 또 이분들을 만난 것이다.

한낮은 뜨거워도 밤 기온은 아직 차다. 창문을 닫으러 창가로 간다. 활동이 적은 환자들에게 방 안의 적정 온도와 습도를 유지하는 일은 환자의 건강과 직결되기에 세심히 살펴야 한다. 해는 서산으로 훌쩍 넘어가고 저녁놀만 하늘가를 붉게 물들인다. 종일 제 소임을 다한 해의 뒷모습이 저리 곱구나, 주황빛이 서서히 잦아드는 풍경에 한동안 눈길이 머문다. 빛이 떠난 거리에는 하나둘 가로등이 어둠을 밝힌다. 창 너머 붉게 타는 능소화를 보며 살며시 문을 닫는다.

엄마,
미안해

  고향에 계신 엄마의 전화를 받았다. 추석에도 안 오고 얼굴 못 본 지가 벌써 석 달째란다. 짬이 날 때마다 잠깐씩 통화를 했기에 엄마 얼굴을 못 본 지 그리 지났나 싶었다. 내가 오래 무심했구나, 변명거리를 찾는다. 교대 근무에 쉬는 날에는 수업이 있고 또 문화원의 상반기 책 만드는 일로 바빴노라 연신 핑계를 늘어놓는다. 추석에도 근무가 있어 찾아뵙지 못했다. 언제 한번 가겠노라는 말만 하는 딸을 손꼽아 기다렸던 모양이다.

  "엄마, 미안해. 조만간 시간 내서 꼭 갈게."

  조만간, 편리한 말이다. 기약 없는 공수표를 또 날린다. 말을 하면서도 씁쓸한 건 그날이 언제일지 당분간 계획에 없다는 거다. 물론 모든 일정 미루고 당장이라도 갔다 오면 되는 거리지만 마음속으로 이런저런 이유를 찾는다. 차일피일 미룰 게 뻔하다. 아마도 지난 한 달가량 엄마를 가까이에서 모셔서 내심 안심이 되어서 그럴 거다.

  몇 달 전에 엄마의 왼쪽 다리가 부었다. 앉아서 그림을 그리거나 성경책을 읽으니 다리가 붓는다며 우리는 잠깐씩 누워 계시라는 말만 반복했다. 잘 붓는 체질이니 그러려니 여겼다. 점점 붓고 통증이 심해지니 하는 수 없이 가까운 보건소에 들렀다. 원인을 모르니 무조건 큰 병원에 가라고 해서 내가 근무하는 병원으로 모셨다. 봉와직염이었다. 조금 더 늦었더라면 절단할 수도 있을 만큼 위험한 지경이었다. 한 달 정도 입원 치료를 받았다.

다행히 항생제와 처방 약이 효과가 있어 부기는 하루가 다르게 빠졌다. 나는 출근길에 병실에 들러 간식과 먹거리를 챙겨 드리고 퇴근 후에는 함께 지내다가 집으로 갔다. 동생들과 교대로 엄마 곁을 지키며 오랜만에 엄마와 푸근한 시간을 보냈다. 종합병원에서 긴 복도를 지나면 요양병원이 나오니 점심시간에도 잠시 얼굴 보고 왔다.

엄마는 자신의 건강은 점점 나빠질 거니 결국 가야 할 곳은 요양병원이라며 어떤 곳인지 보고 싶다고 하셨다. 입원해 있는 동안 휠체어를 타고 병동 구경도 하고 내가 근무하는 모습도 보고 가셨다. 다행히 경과가 좋아서 집으로 퇴원하고 지금까지 잘 계신다. 요양병원에 올 뻔한 엄마가 고향 집에서 노후를 보내시는 것에 감사하다.

요양병원에 입원하는 어르신들은 치료하다 호전되어 퇴원하는 것이 목표이다. 그런 분들이 대부분이나 현재의 상태를 유지하며 오랜 기간 계시기도 한다. 갑작스러운 질환으로 급속도로 신상이 나빠지기도 하고 노인성 질환으로 들어와 그 상태를 유지하기도 한다. 초로 치매가 와서 입원한 이들을 보면 한창 활동할 나이에 질병에 발목 잡혀 일상의 즐거움을 누리지 못하는 현실이 안타깝다. 이곳에 있는 분들이 입원한 이유도 수만 가지, 살아온 사연도 수만 가지이다.

요양병원에 계신 분들은 모두 누군가의 어머니 아버지였다. 나 역시 상황이 여의치 않으면 피해 갈 수 없는 곳이다. 그래서인지 그들에게 늘 연민을 느낀다. 보이는 것 이면의 마음을 부려 하고 의료 행위를 뛰어넘는 정성을 다하려고 노력한다. 진심을 알아주는 눈빛을 볼 때는 신명이 나서 더욱 마음을 쏟는다.

바쁜 업무를 수행하다 보면 병원에서 일어나는 자잘한 일에는 마음에 동요가 크지 않다. 개인적인 일상의 부대낌도 병동에서 일어나는 크고 작은 갈등도 크게 마음을 쓰지 않는다. 출근과 동시에 돌봐야 할 환자에 집중하고 새로운 업무를 수행한다. 오로지 치료하고 돌보아야 할 환자로만 대하기 때문에 개인적인 생각이 끼어들 틈이 없다. 아직 모든 업무에 미숙한 초보이기에 더욱 그럴 거다. 여기저기서 수시로 불러 대고 빈틈을 보이지 않으려 뛰다 보면 어느덧 퇴근 시간이다. 말 그대로 다른 생각에 빠질 틈이 없으니 병원에서 일어나는 자잘한 감정의 거스러미는 금세 사라진다.

때로는 의도치 않게 환자가 감추고 싶은 사생활과 마주할 때가 있다. 대개 못 본 척하거나 알고도 모른 척하게 마련이다. 병원에서 보고 들은 환자의 정보는 비밀 유지가 기본이다. 의도치 않게 마주하는 환자들의 개인사는 고요한 호수에 돌을 던지듯 잔잔한 파동을 만든다. 종일 마음이 쓰여 병실을 들락거린다.

누워 있는 어머니 곁에서 한동안 앉았다 가는 이도 있다. 그는 매일같이 들러 꼼짝도 못 하는 어머니를 바라보며 하염없이 눈물 흘린다. 알아듣지 못하는 어머니에게 귓속말로 사랑한다 말한다. 오늘은 엄마가 어디가 불편하다고 말씀하신다며 봐 달라고 할 때는 말을 하지 못하는 분이 그럴 리가 없지 싶은데 가 보면 거짓말처럼 그곳에 문제가 있다.

주말이면 모시고 나가 외박을 하기도 한다. 어머니를 남겨 두고 떠날 때 눈물짓는 어머니에게 모진 소리로 울음을 그치게 한다. "울면 다시는 오지 않겠다." 모진 아들의 말에 눈물로 얼룩진 얼굴을 닦고 웃으며 손을 흔든다. 다음 주말에 아들이 데리러 올 때까지 잘 참고 계셔야 할 텐데. 마음이 짠하다.

직접 모시거나 가까이에서 돌보지 못하기 때문에 어쩔 수 없이 요양원이나 요양병원에 보냈지만 남겨진 이나 두고 떠나는 이 모두 서로의 모습에 가슴 아프기는 매한가지다. 수년간의 입원 생활이 익숙해질 만도 한데 여전히 처음 병원에 모셔 올 때처럼 마음이 힘들단다. 오십은 넘어 보이는 자녀가 수시로 방문하여 의식 없는 어머니 곁에 앉아 무슨 생각 하는지 어떤 말을 하는지 짐작할 뿐이지만 손수 모시지 못하는 미안한 마음일 거다.

그날도 그가 와서 울고 있기에 취침 약을 드리며 궁금증이 일어 물어보았다. 그는 막내이다. 어머니가 갑자기 쓰러져 누워 있어도 다른 형제들은 관심도 없다며 형제들에 대한 원망을 쏟아 낸다. 눈빛으로 대화를 나누는지 대답 없는 어머니에게 묻고 스스로 대답하며 얼굴을 어루만지고 또 손을 쓰다듬고 애가 타는 모습이다. 눈물을 닦기를 여러 차례. 그러기를 한 시간 가까이 한 연후에야 자리에서 일어난다.

요양병원에서 일한 지 2년쯤 되었을 때다. 동료의 어머니가 입원 중 돌아가신 일이 있었다. 나 역시 그 당시에 같은 병원에서 엄마가 장기간 입원할 때여서 내 일같이 마음이 쓰였다. 어르신들이 진단을 받고 투병하는 많은 과정을 거쳐 돌아가실 때 안타깝지 않은 죽음은 없다. 하지만 동료의 어머니가 돌아가실 때는 내 일인 듯 여겨져 감정이입이 되었는지 더욱 안타까웠다.

그 동료와 함께 나이트 근무를 할 때였다. 며칠 넘기지 못할 거라 서로 짐작할 뿐이지 달리 해 드릴 게 없었다. 업무인계 후 병실을 돌아보고 나서 동료의 울음소리가 들렸다. 병실에 뛰어 들어가 보니 마지막 숨을 몰아쉬고 있었다. 어머니를 품에 안고 울음을 터트렸다. "엄마, 미안해." 몇 번이나 되뇌었다. 집으로 모셔 갔더라면 어땠을까, 다른 병원으로 모셨으면 어땠을까, 여러 생각이 교차하며 아무것도 할 수 없는 자신의 무력감에 더 힘들었을 거다.

엄마와 함께했던 시간을 떠올리며 매일 일하면서 볼 수 있었고 곁에 있어 안도하고 자주 얘기 나눌 수 있어 행복했을 거다. 더는 자책하지 않고 어머니의 마지막을 지켰다는 것으로 위안 삼았으면 좋겠다. 한 달여의 시간은 그녀와 그녀의 어머니에게 신이 보내 준 선물의 시간이었다고 그녀에게 따뜻한 위로의 말을 전하고 싶다.

 ## 양심의 가책

오늘도 밥값이 없어 밥을 안 드시겠단다. 나는 또 어르신께는 밥값이 공짜라며 어서 드시라 달랜다. 어느 날은 병원장님이 특별히 어르신은 돈을 받지 않는다며 어르고 달랠 때도 있다. 그 말을 들은 후에야 슬며시 일어나 앉아 식판을 끌어당긴다.

어르신은 눈이 크다. 선한 눈에 짙은 속눈썹과 오뚝한 콧대는 동그란 얼굴에 잘 어울린다. 윤곽이 또렷한 미인형이다. 정신이 흐릿한 옆자리 어르신이 가끔 욕설을 퍼붓고 타박을 해도 화내는 법이 없다. 정신없는 사람이 하는 말이라며 빙그레 웃고 만다. 천사나 보살의 얼굴이 저런 모습이지 않을까 싶을 정도로 해맑고 인자한 얼굴이다.

평소에는 제일 먼저 밥상 앞에 일어나 앉아 식사하신다. 뭐든 잘 드셔서 음식을 남기지 않는다. 잘 드시고 거동에 문제가 없고 스스로 용변도 보니 비교적 손이 덜 가는 수월한 환자에 속한다. 얌전한 성격이어서 사소한 마찰에도 이해하고 넘어가니 문제가 없다. 늘 웃는 낯으로 반기니 병동 식구들 모두 어르신을 좋아한다.

저 멀리서 식판 실은 차 소리만 들려도 자리에 앉아 식사 준비를 하던 그녀가 어느 날 식사를 거부했다. 그동안 잘 드시더니 왜 그러느냐 물었다. 양심의 가책을 느껴서 밥을 못 먹겠다는 말을 하며 돌아누웠다. 표정마저 어두워지며 금세 큰 눈에 눈물이 그렁그렁 고였다. 평소처럼 밥값이 없어서 못 드신다는 게 아니라 양심의 가책을 느낀다는 뜻밖의 대답을 들으니 달래 줄 말이 언뜻 떠오르지 않았다.

정신이 건강하지 않은 어르신이라도 어떤 말을 하는 데는 오래전의 기억과 삶의 흔적 또는 받은 상처에서 이유를 찾는다. 건강할 때의 자신의 삶과 전혀 상관없는 얘기도 더러 한다지만 나는 어르신들이 하는 무의식적인 말들을 흘려듣지 않는다. 무의식 속 어르신이 사는 세상이 현재의 삶이기 때문이다. 한 평 남짓한 침대에 누워 계시는 분이 무슨 이유로 그런 말을 하는지.

어르신을 어르고 달래며 들은 의외의 대답이다. 남들한테는 잘하고 자식들한테 모질게 굴었다고 한다. 밖에서는 사람 좋은 척하고 집에 와서는 애들한테 함부로 대했다. 그게 마음에 걸려 잠이 안 온다. 밥도 넘어가지 않고 밥값도 없다. 나는 고개를 끄덕였다. 더는 이유를 묻지 않고 달랬다. 병원장님이 어르신은 그동안 고생하며 자식들 잘 키웠다고 밥값은 받지 말라고 공문을 보냈다. 밥값은 걱정하지 말고 먹으라는 거짓말을 했다. 어르신은 마지못해 숟가락을 들고 언제 그랬냐는 듯이 한 그릇을 비웠다.

들은 얘기로 짐작해 보면, 어르신은 젊은 날 호구지책으로 장사를 했던 모양이다. 바쁘게 일하다 돌아온 집은 어질러져 있고 해야 할 일이 산더미처럼 쌓였을 테니 아이들에게 고운 말이 나오지 않았을 거다. 밖에서 일하는 동안 아이들이 알아서 척척 해 주면 좋으련만 그게 말처럼 간단한 일인가. 아이들은 아이들대로 어른의 부재로 인한 결핍이 한두 가지 아니었을 거다.

어린 시절 정미소 일로 늘 바빴던 어머니가 떠올랐다. 인근에 정미소가 몇 곳 있었지만 늘 우리 집만 북적거렸다. 아버지가 돌아가실 무렵까지 마지막으로 남은 정미소도 우리 집이었다. 우리 집에 사람들의 발길이 끊이지 않았던 건 사람을 좋아하고 음식을 나누기 좋아하는 부모님의 천성 때문이기도 했거니와 아버지의 손기술도 한몫했다. 무엇이든 척척 고치고 척척 만드는 솜씨 좋은 아버지는 동네의 고장 난 기계를 밤을 지새워 가며 고쳤다. 수고료도 받지 않았다. 아버지가 좋아서 하는 일이었다. 그러니 우리는 부모님을 온전히 차지할 수 없었다.

어머니는 글을 모르는 이들이 많았던 동네에서 편지를 대필해 주고 읽어 주는 유일한 여인이었다. 어느 집 시집간 딸이 보내는 안부 편지를 읽어 주기도 하고 뉘 집 아들 대학 합격통지서를 대신 읽어 주기도 했다. 집에는 아버지와 어머니를 찾는 사람들이 드나들었고 두 분은 늘 웃는 얼굴로 대했다. 집에서 힘든 일이 있어도 정미소에서 일할 때는 힘든 표정 없이 일에 몰두하셨다.

나는 동네에서 일어난 일을 제일 먼저 전하는 어른들 속에서 자랐다. 어린 나이에도 비밀임을 알아 집에서 들은 이야기를 누구에게 전하지는 않았다. 날마다 들려오는 새로운 이야기를 기다렸고 더 넓은 세상의 이야기를 찾아 소설책을 끼고 살았다. 어린 시절 이불 속에서 잠결에 들었던 동네 이야기 덕분에 나는 커서 국문학을 전공하고 지금 글을 쓰며 살고 있는지도 모른다. 나에게 소중한 추억으로 남아 있는 그 시절을 떠올리는 어머니는 그런 마음을 먹지 않았으면 좋겠다.

나 역시 한때 공부를 스스로 마치다시피 했고 결혼 후에도 학원 강사로 근무했기 때문에 어르신이 하는 말의 의미를 금방 파악할 수 있었다. 한동안 어르신과 같은 생각으로 마음이 편치 않았던 적이 있다. 결혼 후 그럭저럭 무난했던 살림이 갑자기 어려워졌을 때라 몸과 마음에 여유라곤 없던 시절이 있었다.

고난의 늪을 하루빨리 벗어나고 싶어 눈코 뜰 새 없이 뛰었다. 고단한 몸으로 돌아와 보면 기다리고 있는 집안일과 챙겨야 할 아이들. 저절로 말에는 날이 서고 다정한 눈빛과 사가운 말을 건네지 못했다. 지나고 보니 아등바등했던 그 시간이 그렇게 후회될 수 없었다. 그러지 않아도 되있는데, 힘들게 느꼈던 마음을 가볍게 가졌더라면 훨씬 더 행복했을 텐데, 알게 모르게 가족들에게 준 상처가 나를 아프게 한다. 후회하는 마음이 지금도 나를 슬프게 한다.

"어머니, 그때는 먹고사느라 그랬으니 마음의 짐을 내려놓으세요. 돈을 벌려면 내 마음을 다 줘야 상대도 감동하니 정성을 다했을 거고 그 돈으로 자식들 먹이고 입히고 공부시켜야 하니 어쩔 수 없었잖아요. 자식들이 어렸을 때는 몰라도 크면서 어르신 마음 다 이해하고 있어요. 그런 마음 먹지 말고 얼른 식사하세요."

어르신을 토닥였다. 나에게 하는 말일지도 모른다.

"자식들이 이해할까?"

나는 고개를 끄덕이며 어르신께 수저를 드린다. 그러면 마지못해 한 순갈 뜨다가 언제 그랬냐 싶게 한 그릇 비운다.

아마도 어르신은 양심과 죄의식이 강한 사람일 것이다. 삶의 전반에 걸쳐 죄책감이 깔려 있다가 오늘은 유독 그런 순간들만 떠오르는 날이었을 거라 짐작해 본다. 그때는 어쩔 수 없었노라 스스로 떳떳하다 위로하는 사람도 있고 아무런 죄책감 없이 살아가는 사람도 있다. 어르신과 이런 얘기를 나눈 날이면 오히려 내가 위로받고 치유를 받은 듯해서 마음이 홀가분해진다.

내가 떠나갈 때

누구나 죽는다. 피할 수 없는 진실이다. 예기치 못한 삶의 엔딩이야 어쩔 수 없다지만 내가 떠나야 할 때라는 생각에 다다르면 나의 죽음을 선택해야 한다. 인간답게 살아야 할 권리가 있듯이 인간답게 죽을 권리도 있다.

그는 사랑하는 가족들과 함께 스위스로 가는 비행기를 탄다. 긴 시간 비행기에 몸을 싣고 하늘을 날아가는 동안 그간의 일들이 주마등처럼 스쳐 지나간다. 세상을 향한 꿈으로 한껏 부풀었던 어린 시절, 사랑하는 가족들과 단란한 한때, 결혼하고 아이를 낳아 세상을 다 가진 것 같았던 아름다운 시절, 돌이켜 보니 행복했던 순간뿐이다.

그의 죽음을 위해 가족들은 동행한다. 평생 고생만 시킨 아내와 아직 해 줄 것이 더 많이 남은 자녀들, 삶의 오르막 내리막을 울고 웃으며 함께 있어 준 형제와 친구들이다. 일행은 비행기에서 내려 관광 명소를 둘러본다. 다 함께 식사하며 아쉬움 가득한 시간을 보낸다. 며칠을 지인들과 보낸 후 그는 어디론가 향한다. 그곳의 책임자인 듯한 사람과 오랜 시간 상담한다. 그의 확고한 결심을 다시 한번 확인하는 시간이다.

침대에 눕는다. 잠시 생각에 젖어 있다. 입가에 엷은 미소가 번진다. 그는 결심한다. 스위치를 밀어 올린다. 천천히 약물이 떨어진다.

그는 지금 죽어 가고 있다. 죽음의 순간에 이르니 사랑하는 가족과 소중한 사람들, 아름답고 감사했던 기억만 떠오른다. 시간을 거슬러 가다 어린 시절의 그를 만나며 눈을 감는다.

조력 사망에 대한 방송을 보았다. 조력 사망은 의사의 처방을 받아 환자가 스스로 약물을 투여하여 죽음에 이르는 것이다. 한국에는 허용되지 않은 조력 사망을 하려면 현재 유일하게 외국인의 조력 사망을 허용하고 있는 스위스로 가야 한다. 스위스에서 조력 사망을 허용하는 단체는 네 곳이란다.

조력 사망 단체 대표는 환자가 침대에 누우면 몇 가지 질문을 한다. 당신은 여기 왜 오신 건가요. 밸브가 열리면 어떤 일이 일어날지 알고 있나요. 당신이 죽기를 바란다면 지금 밸브를 열어도 됩니다. 환자는 밸브를 밀어 올리고 30초가 지나면 잠이 든다. 2분 후에 사망에 도달한다.

사람은 누구나 죽는다. 하지만 어떤 형태의 죽음을 맞이할 것인가는 선택지 없는 신의 영역이다. 사람들은 대개 죽음이라는 명확한 진실을 모른 체하며 살고 있다. 의사가 손쓸 수 없을 정도가 되어야 죽음에 대해 인식한다. 그리고 어떻게 생을 마감할지 생각한다. 환자들 대부분 정신이 온전할 때 스스로 결정을 내릴 수 있어야 한다고 그들은 말한다.

그들이 조력 사망을 위해 스위스로 향하는 이유는 참을 수 없는 고통 때문이다. 고통이 극에 달하고 그 상태의 지속이거나 회생의 기미 없이 계속 나빠져 연명이 무의미하게 느껴질 때 결심한다. 생의 마지막을 사랑하는 가족들과 함께 식사하고 감사와 당부를 전하며 헤어짐을 위한 시간을 보내고 길을 떠날 채비를 한다.

그녀의 남은 날도 며칠 남지 않아 보였다. 의료진은 길게 잡아도 이삼일 안에 세상을 떠날 거란 예측을 하였다. 의사는 환자 가족들과 면담을 통해 소견을 전하고 병실을 나갔다. 가족은 DNR 동의를 한 상태였다. 가족들은 회의 끝에 이후 약물과 음식을 거부하고 연명을 위한 모든 것을 하지 않겠다는 결정을 다시 통보했다.

그녀는 L-tube를 한 상태였다. 흔히 콧줄이라 부른다. 다른 환자들의 식사를 도와주고 있을 때 그들은 콧줄을 제거해 달라고 했다. 음식을 거부했으니 콧줄은 필요 없다는 것이다. 맞는 말이다. 병동의 수간호사도 퇴근하였고 같이 근무하는 동료에게 전달했으나 의사의 허락 없이는 안 된다는 말을 들었다. 의사는 연락이 닿지 않았다. 마지막으로 그들은 나에게 희망을 걸었던 모양이다. 나 역시 그녀가 온전한 모습으로 가족과 함께 지내다 떠나기를 바랐다.

또 한 번 부탁했다 간곡한 눈빛이었다. "의사의 지시가 있어야 뺄 수 있습니다. 더는 어떤 처치도 않겠다 하니 지금 빼 드리면 좋겠지만 내일 아침 의사가 올 때까지 기다리십시오. 말이 안 되는 상황이라 생각하겠지만 의료법에 저촉되는 행위이니 저희 마음대로 빼 드릴 수 없습니다." 그들은 앵무새처럼 반복하는 간호사의 말을 몇 번이나 들어야 했다.

마지막 희망이었을 거다. 그날 콧줄을 뺄 수 있는 마지막 기회. 나는 그들의 마음을 충분히 공감하고 있었으나 아무런 권한도 없는 내가 마음대로 할 수 있는 일이란 없었다. 옆에서 지켜만 보고 있었다.

응급 상황이 생긴다고 해도 음식을 거부했으니 쓸모없는 콧줄이다. 자꾸만 마음이 쓰여 그녀에게로 향하는 걸음을 어쩔 수 없었다. 생의 마지막 시간을 보내는 그녀를 한 번 더 보고 싶었고 마지막 인사 몇 마디라도 들려주고 싶은 심정이었다.

100세에 가까운 그녀는 콧줄을 하고 중환자실에 누워 있어도 성질이 칼칼했다. 꾀가 많아 순간적으로 콧줄을 빼내어 근무하는 이들을 힘들게 했다. 그녀가 콧줄을 한 이유는 음식을 거부하기 때문이었다. 의식이 또렷할 때는 가려우니 긁어 달라 이불을 덮어 달라 필요한 것을 요구하기도 했다. 간혹 죽여 달라는 부탁도 했다. 가족들에게 듣기로는 그녀는 조선의 왕비의 자손이라는 자부심이 대단한 분이었다.

내가 다가가자 애원의 눈빛을 보냈다. 피딩도 안 할 텐데 의사가 없다는 이유로 안 빼 준다는 게 이해되지 않는다고 또 항변한다. 그날따라 그녀의 콧줄이 유난히 크게 느껴졌다. 빨대만 한 줄이 엄지손가락 굵기처럼 느껴졌다. 쓸모없는 물건이라는 생각이 들자 거추장스럽게 느껴진 거다. 몇 차례 그녀 곁으로 가서 지켜보았다.

아버지의 마지막 모습이 떠올랐다. 중환자실에서 산소호흡기를 하고 임종을 맞았던 모습이 스쳤다. 임종 전 마지막 3일을 가족들에게 한마디 말도 하지 못한 채 보냈다. 아버지의 목소리를 몇 마디라도 듣고 싶어 몇 번이나 손으로 호흡기를 떼는 착각을 했었다. 한동안 산소호흡기에 동의한 큰오빠에게 원망의 마음을 가졌었다.

말없이 그녀 곁으로 가서 콧줄을 뺐다. 내가 아니면 아무도 뺄 사람이 없겠다는 생각이 들어 결심했다. 그녀가 콧줄을 한 모습으로 가족들과 마지막 시간을 보내게 하고 싶지는 않았다. 가족들은 몇 번의 감사를 전하고 그녀와 마지막 시간을 보냈다.

"저는 해고될 각오하고 제거하는 겁니다. 어머니와 마지막 시간 잘 보내세요."

나는 데스크로 가서 보호자들이 간곡히 부탁해서 어쩔 수 없이 제거했다고 보고했다.

"선도 그런 사정을 골라서 인 빼 준 게 아닙니다. 그건 의사의 영역입니다." 의사의 지시 없이 행동했다며 화를 냈다. 이내 의사와 연락이 닿았다. 콧줄을 제거하라는 지시를 받았다.

내 처신이 옳았다는 건 아니다. 만약 그때로 돌아간다 해도 내 선택은 비슷했을 거다. 얼마 남지 않은 시간 가족들에게 각인될 그녀의 모습이 좀 더 편안하고 평소의 엄마 모습이기를 바랐다. 이틀간 쉬고 출근했을 때 그녀는 자리에 없었다. 잠깐씩 깨어나 자녀들과 얘기도 나누다가 다음 날 가족들이 지켜보는 앞에서 떠나가셨다.

나에게도 생을 마감하는 마지막 순간은 분명히 올 것이다. 고통 속에서 연명하는 분들이 돌아가시면 고통이 없는 곳으로 편히 가셨다며 슬픔을 위로하기도 한다. 하지만 그렇게라도 살아 있고 가족을 만나고 싶다는 생각을 할지도 모르니 어떤 죽음이든 정답은 없다.

매일 죽음을 생각하는 사람들이 있다. 존엄사는 나의 죽음을 선택할 권리를 말한다. 몸이 힘들어 고통에 휩싸인 채 살아간다면 그건 고통의 연장이지 생명의 연장이 아니라며 항변한다. 그래서 스위스로 가서 존엄사를 선택한다. 한국에서는 스스로 갈 수 없는 사람이 누군가의 도움으로 스위스에 가는 것은 자살을 돕는 살인 방조죄가 된다고 하니 선택했다고 해도 실현에 옮기기는 어렵다.

집에서 한 달에 지불하는 간병비가 수백만 원에 이르고 병원비와 간병비까지 더하면 모아 둔 재산이 밑바닥을 드러내는 건 시간문제다. 가족이 간병을 한다더라도 그건 한 사람의 인생을 담보로 한 연명이니 그마저 마음이 편하지 않다.

스스로 죽음을 결정한 이들은 보고 싶은 이들과 함께 마지막 시간을 보내고 스스로 이별의 시간으로 걸어간다. 나의 죽음을 스스로 결정할 권리에 대한 논의는 아직도 의견이 팽팽하다. 인간답게 살아가야 하는 것이 인간의 존엄성이라면 떠날 수 있는 권리를 부여하는 것도 인간의 존엄성이라는 그들의 말에 나는 귀 기울여진다.

깍두기는
살아 있다

　무가 도착했다. 퇴직한 오빠가 고향에서 농사지은 거다. 오빠가 보내는 무는 모양이 고르지 않아도 들큼한 단맛이 일품이다. 생채를 만들고 국을 끓여도 몇 개 남았다. 마침 깍두기가 떨어져 남은 무로는 김치를 담기로 한다.

　무를 껍질째 씻어 물기를 뺀 후 깍둑썰기 한다. 소금이 배도록 천일염을 뿌려 몇 번 섞다가 삼십 분 정도 둔다. 절이는 동안 양파, 새우젓, 찬밥, 마늘, 생강을 물 조금 넣어 갈아 두고 쪽파는 썰어 따로 둔다. 양푼에 물이 흥건해지면 무를 건져 찬물을 부어 짠맛을 뺀다.

　깍두기는 예부터 우리의 식탁에 빠지지 않는 대표 음식이다. 재료에 따라 종류도 다양하고 담기도 손쉬운 전통 음식으로 문화재로도 지정되었다. 깍두기는 오래전에 젓무, 홍저紅菹, 송송이로 불렸다. 정조 때 공주가 처음으로 만들어 왕에게 바쳤다는데 당시의 이름은 각독기이다. 그 후 널리 민간에 퍼져 우리의 밥상에 빠지지 않는 밑반찬이 되었다.

　양념에 고춧가루를 섞은 후 무를 넣고 마지막에 쪽파를 넣어 버무린다. 맛이 잘 어우러지도록 섞고 치댄다. 깍두기는 사철 어느 때나 밥상에 오르는 단골 반찬이다. 겨울철 설렁탕 한 술에 깍두기를 얹어 한입 넣으면 입안 가득 시큼하고 구수한 맛이 한데 어우러져 깊은 맛을 더한다. 라면에 곁들인 깍두기는 또 어떤가. 반찬이 없는 여름에도 깍두기만 있으면 찬물에 밥 말아서 눈 깜짝할 새에 한 그릇 뚝딱이다.

우리에겐 독특한 놀이 문화가 있다. 편을 갈라서 하는 놀이에서 숫자가 맞지 않거나 무리보다 현저히 실력이 떨어지는 친구가 있을 때 힘이 센 친구에 얹혀 가거나 누가 봐도 세력이 약한 편에 덤으로 주는 사람을 깍두기라 불렀다. 또래보다 체구가 작아 게임의 상대가 되지 못하는 아이, 이사 온 지 얼마 되지 않아 놀이 문화를 모르는 아이, 여자들의 놀이에 끼어 규칙을 모르는 남자아이들이 놀이에 제대로 낄 수 있을 때까지 기다려 주었다.

장난감이 없었던 어린 시절, 초등학교에 입학하기 전이었다. 집 앞에 우물이 있었고 그 옆에는 너른 공터가 있었다. 그곳에는 늘 사람들이 모여들었고 아이들은 그곳에서 마음껏 뛰어놀았다. 언니는 친구들과 놀 때면 나를 데리고 나갔다. 언니는 나를 돌봐야 하니 어쩔 수 없이 나를 데리고 다녔고 나는 언니들 틈에 끼어 함께 놀곤 했다. 그때 내 점수는 내기지 않는 조건이었고 동생을 돌봐야 하는 언니와 나를 위한 언니들의 배려였다.

초등학교에 입학하고 나서는 친구들과 공터에 모여 놀았다. 나는 또래보다 키가 큰 편이었고 달리기는 자신 있었다. 다방구, 숨바꼭질, 오징어 게임에는 서로 데려갔다. 나무를 꺾어서 하는 자치기나 땅따먹기도 신체 조건이 우월한 사람이 이길 수밖에 없는 놀이여서 제 몫을 해냈다. 하지만 정교한 손기술이 필요한 공기놀이나 다리로 고무줄을 휘감아 허리까지 다리를 뻗고 뒤로 돌아 나오는 서커스 같은 고무줄놀이는 젬병이었다. 친구들의 눈치도 있었지만 누가 뭐라 하기 전에 스스로 주눅이 들어 뒤로 빠졌다.

 손은 작아도 신비의 경지에 가까울 정도로 손놀림이 현란한 언니가 있었다. 한 개의 공깃돌을 던져 내려오는 동안 나머지를 움켜쥐고 던졌던 돌을 받아 손등에 올려서 다시 던져서 잡았다. 비법을 배우려고 매의 눈으로 지켜봐도 손을 오므렸다 폈다 공깃돌을 정리해서 던져 움켜쥘 때는 눈 깜짝할 사이에 일어나서 알 수 없었다. 공기놀이에서 나는 늘 잘하는 친구에 업혀 가거나 못하는 팀에 덤으로 얹어 힘의 균형을 맞추었다.

 여러 사람이 함부로 떠들거나 덤벼 뒤죽박죽된 난장판을 일컬어 깍두기판이라 부른다. 또 힘깨나 쓰고 무리 지어 다니는 이들을 달리 부르는 이름이기도 하다. 아마도 머리를 단정히 자른 모양에서 유래한 듯싶다. 밥상 위의 단골 메뉴 깍두기는 생활 속 여기저기 갖다 붙일 만큼 친근하고 재미있는 말이다.

 코로나19로 전 세계가 패닉 상태에 빠져 헤어나지 못할 때였다. 사망 환자가 속출하고 의료 인력이 부족한 현실이라는 뉴스를 보았다. 쉬는 시간도 없이 일하다 쓰러지는 의료인들을 보며 중대사고수습본부에 코로나19 파견인력으로 지원했다. 부산시에서 운영하고 요양병원 감염 병동으로 파견되어 업무를 수행하는 일이었다.

 며칠 후 부산의 요양병원에서 연락이 왔다. 면접을 거친 후 업무에 들어갔다. 바이러스에 직접 노출되는 데 대한 두려움보다 새로운 업무에 대한 호기심과 기대가 더 컸다. 전국 각지에서 의료 인력이 모여들었다. 입구에서부터 병실 곳곳에 카메라가 설치되어 24시간 환자와 의료진의 일거수일투족이 녹화되었다. 일반 병동과 격리된 병동이다 보니 출입이 금지되었고 파견인력들도 비밀번호를 눌러야 들어갈 수 있었다.

머리부터 발끝까지 이어진 방호복을 입고 N95 마스크를 쓰고 멸균 장갑을 두 겹 낀 후 눈과 얼굴을 보호하는 페이스 실드를 쓰면 준비 완료이다. 옷을 입을 때부터 콧잔등에 땀이 맺히기 시작한다. 오염존에 들어가면 두 시간 안에 업무를 처리하고 나와야 하니 일사불란하게 움직인다. 불시에 일어나는 위급 상황에서는 역할 구분 없이 뛰어든다. 방호복을 벗고 오염 구역을 벗어날 때는 머리끝에서 발끝까지 땀으로 흠뻑 젖어 있다.

환자와 의료진 모두 처음 겪는 현장에서 까다로운 보안시스템 아래 수행하는 업무의 피로도는 극심했다. 병동의 모든 일을 카메라로 녹화하여 보존하니 매 순간 행동이 조심스럽고 긴장되었다. 파견 지역과 근무조건에 맞는 일자리를 어렵게 구해도 몇 시간 못 버티고 배기를 들거나 하루 근무하고 포기하거나, 좀 더 편한 자리를 찾아 떠나는 이들로 인해 늘 의료진은 부족했다. 남은 이들은 강도 높은 업무에 시달렸다.

코로나19가 정점을 찍을 때는 시시각각 늘어나는 환자로 침상이 부족했다. 바뀌는 방역지침에 따라 새로운 업무는 늘어나 모두 지칠 대로 지쳤다. 첫 출발지에서 버텨 내리라던 첫 마음이 흔들렸다. 그때마다 남은 동료들은 내 손을 잡아 주었다. 그들이 없었다면 나 역시 그곳을 떠나고 말았을 거다. 우여곡절 끝에 백신이 개발되어 감염 병동이 문을 닫는 마지막까지 나는 그곳을 지켰다.

파견 업무가 끝나고 함께 일했던 동료들과 만났다. 근무한 시기는 조금씩 달라도 동고동락했던 이들이라 반가웠다. 누군가 나에게 "깍두기, 아직 살아 있네." 웃으며 인사를 건넸다. 그때 신입인 나와 결혼으로 경력 단절되었던 이가 있었는데 매사에 서툴렀던 그녀와 나는 깍두기였단다.

그 후 파견 경험이 인연이 되어 요양병원에서 일하고 있다. 무엇보다 치열하게 한 생을 살아 낸 분들의 마지막을 함께한다는 사명감으로 가슴이 뿌듯해지는 일이다. 건강이 허락하는 한 남은 생을 이들과 함께 보내리라 다짐하며 매일 그들을 만난다.

일하다가 문득 깍두기 시절을 추억한다. 바이러스를 퇴치할 백신이 하루빨리 개발되기를 기다리며 감염자들을 정성으로 보살폈던 동료들 얼굴도 떠오른다. 오십을 훌쩍 넘긴 초보 동료가 업무를 제대로 배워 정착할 수 있도록 남모르게 배려하고 챙겨 주던 이들이다. 생사가 엇갈리는 코로나19의 최전방 병동에서의 동료애가 있었기에 나는 지금 한 사람의 몫을 해내고 있다.

곱게 버무려져 빨갛게 물이 든 깍두기를 투명한 용기에 담는다. 어슷비슷 서로에 기대어 담긴 모습이 시행착오를 거듭하며 바이러스와 맞섰던 그때의 나를 보는 것 같다. 김치가 잘 익기를 기다리며 베란다에 내어놓고 서둘러 출근 준비를 한다. 옷을 갈아입고 거울에 비친 모습을 보며 인사를 건넨다.

"깍두기, 살아 있네. 살아 있어!"

사랑하는 사람이
미워지는 밤에는

불협화음의 시 낭송 소리가 울린다. 7층 운동장의 중앙에 큰 책상이 있다. 책상에는 어르신들이 모여 있다. 매주 수요일 시 창작 교실이 열린다. 어르신들 십여 명이 시를 읽고 있다. 엇박자로 때로는 돌림노래가 되기도 한다. 한두 글자 빠뜨려도 개의치 않는다.

"사랑하는 사람이 미워지는 밤에는 몹시도 괴로웠다.
어깨 위에 별들이 뜨고
그 별이 다 질 때까지 마음이 아팠다."

〈시 그리는 수요일〉, 고령의 어르신들을 대상으로 시 창작 교실을 시작하고 일 년이 되어 간다. 각 병동의 어르신 중에 시와 그림에 관심 있는 분들로 구성되어 있다. 회비도 없다. 자격도 없고 시를 쓰지 않아도 좋다. 어떤 이는 시를 읽고 어떤 이는 시를 쓰고 어떤 이는 그림을 그린다. 시에 관심이 없어도 사람이 그리워 오는 분들도 있다. 마실 프로그램의 이름처럼 그야말로 병실을 벗어나 마실 나온 어르신들이다.

누구나 시인이 될 수 있다. 시를 우습게 알거나 가벼이 여기는 말이 아니다. 시를 읽고 쓰며 시가 어떤 장르보다 어렵다는 것을 안다. 그렇다고 아무나 도전할 수 없을 만큼 넘볼 수 없는 장르는 더욱 아니다. "밭을 가는 농부도 길쌈을 하는 아낙네도 철을 다루는 기계공도 회사원도 마음에는 시가 늘 살아 숨 쉰다. 다만 그 마음을 꺼내 놓지 않기에 그는 시인이라 불리지 않을 뿐이다." 어느 시인이 한 말이다.

시 창작 교실에 온 어르신이 대뜸 한마디 하신다.

"시가 얼마나 어려운 긴데 그걸 쓴다꼬?"

뭘 좀 아시는 분이다. 어려운 걸 안다는 건 대상에 대해 노력했다는 거다. 누군가를 사랑하는 마음, 무언가를 간절히 바라는 마음, 삶을 부지런히 가꾸는 우리의 마음이 바로 시를 살아가는 우리의 모습이다. 우리의 인생이 바로 시라는 말이다.

처음 시 수업을 하게 된 것은 우연이었다. 동구문화원에서 역사 탐방수업을 진행하였다. 동구의 알려지지 않은 장소를 찾아서 그날의 느낌을 적는 데는 산문보다 시가 좋을 것 같았다. 짧은 시간에 수필 한 편을 완성하는 건 쉬운 일이 아니다. 시는 분량이 많지 않아 부담이 없다. 모두 수업을 기다리며 적극적으로 참여하고 그날의 감흥을 풀어놓았다. 시를 쓰며 모두 즐겁게 강좌를 마무리한 기억이 있다.

병동의 어르신을 대상으로 시를 제대로 가르치기는 힘들다. 게다가 시를 전공한 것도 아니어서 나 역시 부단히 공부하는 장르이다. 일반인 대상이라면 이론과 실기를 병행하여 실력을 다져야 하지만 어르신들에게는 시를 어떻게 써야 하는지 그건 중요하지 않다. 대부분 노인성 질환이 있는 분들이어서 평소의 사고를 이어 나가지 못한다. 진행의 속도를 늦추거나 퇴화하는 인지 기능과 신체 기능을 조금씩 회복하고 유지하는 게 목표다. 잠시나마 병실을 벗어나 동네 마실 가듯 7층으로 내려와 이야기 한 자락이라도 들으면 그것만으로도 목표 달성이다.

시 한 편을 읽으며 그날의 이야깃거리를 끌어낸다. 과거의 한순간을 불러내어 기억의 회로를 움직여 추억하고 현실을 살아가는 데 활력이 된다면 그저 그만이다. 습관처럼 이어지던 일상에서 잠시 멈춰 생각할 거리로 주변을 환기하는 셈이다. 시 창작 수업이라기보다 문학 심리 상담과 치료에 가깝다.

자기 서사가 건강하지 않을 때 삶에 문제가 나타난다. 자기 서사는 저마다의 삶을 구조화하고 운영하는 이야기 형태의 인식체계이다. 문학작품 서사의 기본 구조와 속성이 자기 서사와 서로 통한다. 문학작품의 건강한 서사는 병약한 자기 서사를 바꾸어 삶을 변화시킨다. 문학작품 서사를 매개로 하여 자기 서사를 진단하고 인정하거나 바꾸어 나가는 과정에서 문학 치료가 이루어진다.

처음에는 짧고 간단한 시를 선택했다. 나태주 시인의 시는 짧고 상징적이다. 시인의 인생철학이 짧은 글 속에 자연스럽게 녹아 있어 비슷한 연령대의 어르신들뿐만 아니라 많은 이들이 공감한다. 첫 시간에는 시를 반복해서 읽고 뒷장에 프린트된 밑그림에 색칠한다. 그날의 시를 모티브로 자연스럽게 얘기 나누고 자신의 마음을 적도록 이끈다.

한두 명이 시를 적고 대부분 그림을 그린다. 참가하는 어르신 모두 시를 읽고 자기만의 글을 쓰기는 어려운 일이다. 글을 모른다, 말하지 않아도 한글을 깨치지 못한 분도 있을 거다. 어떤 이는 그림을 그리고 어떤 이는 색칠하고 또 자신의 추억을 적고 어떤 이는 곱씹어 읽으며 생각에 빠져든다. 같은 공간에 있어도 제각기 빠져드는 세계는 다르다.

처음에는 방문자가 많지 않았다. 매주 들쑥날쑥하다가 고정 회원이 생겼다. 평소 시와 글을 쓰던 분들은 자신의 무기력함에 실망하여 상처를 입기도 하지만 대개 자신의 한계를 받아들이고 현재의 상태에서 최선을 다하려고 노력한다. 짧은 시에서 조금씩 분량이 늘어난다. 아무리 시가 길어도 읽거나 얘기 나누는 데는 큰 무리가 없다. 답답한 병실에 앉아 있거나 잠을 자는 것보다 시를 통해 마음속 깊이 잠자는 시심을 캐내고 싶다.

일 년이 지나는 동안 의도했던 수업의 의미는 물론 생각하지도 못했던 흥미로운 이야기들이 쏟아져 나온다. 서정시 위주로 수업을 하니 감성 또한 말랑말랑해져 표정이 한결 부드럽다. 이제는 다소 내용이 어려워도 곧잘 읽는다. 다양한 주제로 나누는 대화에도 적극적으로 참여한다. 그림에 색칠하며 트로트와 가곡, 흘러간 옛 노래를 따라 부를 때, 나는 춤도 춘다. 그만큼 자연스럽고 즐거운 분위기다.

오늘은 도종환 시인의 〈사랑하는 사람이 미워지는 밤에는〉 시를 읽는다. 역시 돌림노래가 된다. 청력이 좋지 않은 어르신이 한 구절 늦게 시작하였으나 어느 누구도 나무라지 않는다. 낭송을 마치고 두세 번 읽는 사람, 바로 뒷장을 넘겨 그림에 색칠하는 사람, 백지에 무언가를 끄적이는 사람, 이보다 자유로울 수 없다. 오로지 자신에게만

몰두한다.

"사랑하는 사람이 미워질 때는 어떻게 하세요?"

앞다투어 대답한다. 많이들 미워해 본 모양이다.

한 대 때려요. 미우면 안 보면 되지. 더 잘해 줘요. 사랑하는 사람이 없는 게 더 나아요. 사랑하는 사람이 있으면 괴로우니 술로써 치료해야지요. 참을 인 세 번이면 살인도 면한다는데 참으면 복이 옵니다. 살아온 인생만큼 대답도 제각각이다. 사랑은 스스로 좋아서 하는 것이니 누가 하지 말란다고 멈출 수 있는 게 아니다. 사랑하다 미워지고 미워지다 다시 사랑하는 변덕스러운 마음을 얘기하다 뒷장을 넘겨 색칠한다.

L 사회복지사와 자원봉사자들은 몸이 불편한 분들을 도와 그림을 함께 완성한다. 일찍 마무리한 사람들은 다른 시를 낭독한다. 한 분 한 분 완성된 그림을 들고 개인의 서사를 곁들여 얘기 나눈다. 같은 산이라도 산청에 살던 어르신은 분홍 진달래가 곱게 핀 지리산이라 한다. 등산을 좋아하던 어르신은 갯빛 산을 그려 눈 덮인 설악산이리 한다. 그림 소개를 마치고 인사하는 어르신들에게 모두 한마음으로 우레 같은 박수를 보낸다.

동네 마실 나오듯 슬그머니 등장한 어르신이 사람들이 모여 있는 모습이 궁금해 기웃거릴 때는 시를 내밀며 큰 소리로 낭독해 달라 부탁한다. 크고 우렁찬 목소리로 낭송하면 시 창작 교실의 분위기는 한결 고조된다. 시의 리듬을 터득하며 낭독하는 동안 소리의 울림은 뇌를 자극한다. 그래서인지 처음보다 한결 밝아진 모습이다. 색칠도 촘촘해졌다. 하나의 색을 사용하던 분들이 알록달록 예쁘게 색칠한다.

  마실 프로그램으로 시 창작 교실을 열어 달라는 L 사회복지사의 요청에 한 치의 망설임 없이 수락하고 잘될 거라는 확신이 있었다. 누구나 시인이라는 생각 때문이다. 시는 쓰는 것이 아니라 낳는 것이라는 나태주 시인의 말에 공감하기 때문이다. 마음 안에 시가 살아 움직이다가 저절로 터지거나 누군가 건드리면 툭툭 튀어나온다. 오시라, 누구든지. 시 그리는 수요일로.

"사랑하는 사람이 미워지는 밤에는
사랑도 다 모르면서 미움을 더 아는 듯이 쏟아버린
내 마음이 어리석어 괴로웠다."

                              도종환, <사랑하는 사람이 미워지는 밤에는>

노상로   함양시장 가는길은 소풍 가는 것 같다

옛날 시장에 함양 장이 거 닮엿다
엄마 손잡고 엄마에게 무엇을
오주 할까 생각 반 모퉁이
들드렷다 가연 가보니 어린품
를 사랑 것 뿐이고 어린 청소년이 함같은
신발 이엿다 신발 신고 보니 행복했다
정이 오고가는 시장이 그립다

뱃고동
소리

요즘은 억울함을 호소할 곳들이 많다. 아주 오래전에는 신문고를 울려 억울함을 호소했다면 요즘은 국민 청원을 올리거나 인터넷을 통해 억울함을 호소하는 이들이 많다. 사실을 바로잡기도 하고 사실 여부가 잘못되어 피해를 보는 이들도 있다. 이전보다 비교적 살 만하다고 느낄 때가 더 많은 걸 보면 투명해진 세상 덕분이라는 생각이 든다. 바람직한 흐름이다.

내가 근무하는 병원만 하더라도 병동 곳곳에 환자들이 겪는 불편과 요구 사항을 적는 양식이 비치되어 있다. '고동소리'라는 인터넷 창구도 열려 있다. 고객창구, 고객 카드를 통해 의견을 듣고 병원 문화를 개선해 나간다. 불친절한 직원은 친절 교육을 따로 받는다. 수간호사와 개인 상담을 하거나 교육을 거친다. 암행 직원이 수시로 병동을 돌며 직원의 친절과 업무 현황을 피드백한다. 직원과 환자들의 불만을 적극적으로 반영하여 쾌적한 병원을 만들기 위해 노력하고 있다.

병원을 방문하거나 입원해 있을 때 칭찬해 주고 싶은 직원이 있는가 하면 경종을 울려 주고 싶은 직원도 있다. 불만의 원인은 대단한 것이 아니다. 친절하게 안내하지 않거나 눈을 보지 않고 업무적인 얘기들을 쏟아 내거나 질문에 귀찮다는 듯 단답형의 대답을 하는 경우다. 그럴 수 있는 일이라며 이해하고 넘어갈 수 있는 사소한 부분이다.

공공기관이나 병원 등 방문하는 곳마다 불편을 개선하기 위한 카드가 곳곳에 비치되어 있지만 눈여겨보지 않았다. 사소한 불편함은 있어도 불만을 토로할 만큼 심각했던 경우는 없었다. 종이에 적는 번거로움보다 즉각 창구에 호소하고 마는 이들이 대부분이다. 공공의 이익을 위해 제보를 하는 분들을 보면 용기에 박수를 보낸다. 나는 사정이 있어 못 하지만, 너라도 해 줘서 고맙다는 심리다.

친정엄마가 입원해 있을 때 눈에 거슬렸던 일이 있었다. 침대를 옮길 때였다. 직원이 침대 옆의 쓰레기통을 발로 툭툭 차며 옮겼다. 그녀는 별 뜻 없이 한 행동이었을 거다. 하지만 나는 환자를 무시하는 마음이라 받아들였다. 엄마의 상태가 좋지 않아 예민할 때라 계속 마음에 남았다. 가슴에 붙은 이름표에 몇 번이나 눈이 갔다.

몇 번을 물어도 제대로 된 대답을 하지 않거나, 엄마와 눈을 바라보지 않고 방문을 열고 멀찍이 서서 사무적인 일만 전해 주고 가는 의료진, 무언가를 수분하면 감감무소식인 데스크, 몇 번을 기야 겨우 원하는 답을 듣기도 했다. 그때마다 이건 개선해야 할 부분이라는 생각에 카드를 떠올렸다. 행동으로 옮긴 적은 없다.

오십 중반에 직업을 바꾸기란 쉬운 일이 아니다. 새로운 업무를 익히며 근무에 익숙해지기까지 꽤 긴 시간이 걸렸다. 어렵게 도전한 병원의 일상은 낯설고 고단했다. 그런 만큼 보고 듣고 느끼는 것도 많았다. 연로하고 아픈 사람의 생명을 다루는 업무는 긴장감의 연속이다. 신속 정확하게 대응하고 응급 상황과 돌발 상황에도 능숙하게 대처해야 한다. 이 모든 일에는 친절함과 환자에 대한 공감은 기본이다.

병원 일에 능숙하기까지는 선배와 동료의 도움이 절대적이었다. 선임은 자신이 배운 대로 후배를 가르친다. 후배는 또 다음 사람에게 배운 것을 가르쳐 준다. 한 사람의 역할을 해낼 때까지 반복한다. 나의 선임은 마음씨 좋은 동갑내기 친구였다. 그녀도 뒤늦게 뛰어든 직업이라 누구보다 내 마음을 잘 알았다.

병원 일에 재미를 붙여 갈 때쯤이다. 복병은 딴 곳에 있었다. 연유를 밝히기는 어려우나 동료의 실수를 다른 이가 알게 되었다. 나는 그녀에게 누군가 알고 있으니 사실대로 말하라는 조언을 했다. 일은 예상치 못하게 흘러 나는 이야기를 전달한 사람이 되었다. '왕따'와 '태움'이라는 말을 처음 들었다.

다른 이의 일일 때는 그러다 잊히고 말 테니 신경 쓰지 마라, 달랬는데 나의 일이 되니 견디기 힘들었다. 일이 손에 잡히지 않았다. 친했던 이들도 자신에게 불똥이 튈까 덩달아 피하는 듯했다. 급기야 생각과 달리 일은 엉뚱하게 와전되기에 이르렀다.

어떻게 선택한 길인데 제대로 해 보기도 전에 걸림돌을 만났다. 개인적인 감정을 빼고 생각했다. 그동안의 일들을 되짚어 봤다. 동료들 사이에서 터져 나왔던 불만을 적어 나갔다. 고여 있던 문제가 터진 거였다. 개선되었으면 하던 일들을 공론화하기로 마음먹었다. 혼자만의 문제가 아니었다.

지금까지 내려온 악습이라 판단했다. 동료들의 사기를 떨어뜨리고 병원의 이미지와 의료의 질을 떨어뜨리는 행동이었다. 결과적으로 환자들에게 피해를 주는 일이었다. 잘못된 일에 눈감는 겁쟁이가 되기 싫었다. 그릇된 문화를 바로잡고 싶었다. 또 다른 피해자가 생기기 전에 닫힌 창을 열어 환기해야겠다는 결심을 굳혔다.

먼저 병동의 주임 간호사에게 전화로 상황을 전달했다. 그런 후 차분히 책상에 앉아 그날의 일을 글로 옮겼다. 입사 후 느꼈던 병동의 문제점을 적어 나갔다. 두 장 반 분량의 용지를 들고 버스에 탔다. 버스 안에서 읽어 보니 분노의 감정 때문인지 오타도 있었고 중언부언도 눈에 띄었다. 가방에 넣고 찢어 버려야겠다 마음먹고 버스에서 내렸다.

새로 부임한 수간호사와 카페에서 만났다. 잘못된 일을 바로잡고 이 일을 계기로 일터에 이러한 병폐가 발을 붙이지 못하도록 하겠다는 의지를 피력하며 많은 이야기를 나누었다. 몇 번 주저하다 종이를 내밀었다. 사실을 판단하는 데 도움이 될 거라는 생각에 결심했다. 나 한 사람으로 그칠 일이 아니라 판단했다. 근무환경의 변화가 필요하다는 생각이 지배적이었다.

수간호사의 적극적인 의지도 갈등을 해결하는 데 한몫했고 그분과 따로 만나 서로 오해를 풀며 일은 일단락되었다. 함께 나아가야 할 공동체라는 의견이 일치했다. 서로에 대한 신뢰도 일을 해결하는 데 도움이 되었다. 오해가 낳은 일이라 쉽게 털 수 있었다. 이제는 그 일에 대한 감정 또한 남아 있지 않다. 선의로 한 일이 악의로 둔갑할 수도 있으니 말을 아끼자는 교훈만 있다.

일을 시작한 지 몇 해 지났다. 처음과 달리 보이는 것들이 많다. 그때 나를 아프게 했던 선배들의 따끔한 말들에 애정이 있었음을 이제는 안다. 함께 웃고 울며 보냈던 시간이 더해 갈수록 동료들에게 감사하는 마음도 깊다. 그도 나만큼이나 속상했을 텐데, 무척 미안하다.

지금도 병동에는 크고 작은 소리로 조용한 날이 없다. 고동 소리 울리며 나아가는 전진의 소리이다. 이전처럼 발끈하지 않는 건 어련 무던하게 서로를 품어 주는 맛을 알기 때문이다. 소리의 의미를 생각하며 부지런히 하루를 산다.

병동은 흐르는 물과 같다. 타성에 젖어 늘 흐르는 대로 흘러가면 반드시 고여서 썩는 곳이 있기 마련이다. 수시로 환기하여 맑은 공기가 순환해야 한다. 돌덩이에 가로막혀 고인 물이 없는지 수시로 살펴야 한다. 그래야 함께 호흡하고 뱃고동 울리며 목적지까지 갈 수 있다.

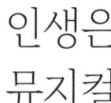 인생은
뮤지컬

한내마을 행복센터를 찾아가는 길은 생각보다 쉬웠다. 덕포 시장에 내려 시장 안쪽으로 들어와 센터를 물으니 모르는 사람이 없다. 즐비한 상가를 헤치며 찾아간 곳은 흔한 입간판 없이 골목의 안쪽에 있어 자칫 스쳐 지나가기 쉬웠다.

골목 안은 사뭇 분위기가 다르다. 옛 시장의 풍경을 그림으로 재현한 벽화와 알록달록 색칠한 거리가 바로 이곳임을 알려 준다. 카페를 지나 너른 마당이 환한 얼굴을 드러낸다. 아직 무성한 잎을 드리운 두 그루의 나무가 마을을 지키는 장승처럼 우뚝 서 있다. 추석이 지난 거리에는 곳곳에 가을이 비집고 들었다. 담장을 넘나드는 석류 나뭇가지는 빨간 속살을 감춘 석류를 가득 매달고 있다. 아직 덜 여문 가을이다.

문턱을 낮추어 주민들이 자유롭게 드나들 수 있는 열린 공간이다. 마당에는 커피를 앞에 두고 담소를 나누는 사람들 몇이 보인다. 어른과 아이 손 맞잡고 드나들기 딱 좋은 곳이다. 오며 가며 차 한 잔 시켜 놓고 얘기 나누다 볼일 보고 다시 돌아와 마시고 가는 내 집 뜰 같은 곳이다. 노인 인구 30% 이상인 초고령 마을 덕포동에서 문화 공간으로 단단하게 자리 잡은 모양새다.

한내마을 행복센터는 2012년 주민 공간으로 다시 태어났다.

2014년 개원하여 삼 년간 사상구의 지원으로 운영되다가, 이제 자체적으로 사상문화원과 사상보건소의 연계 사업으로 꾸려 나가고 있다. 행복 마을은 매수 문화, 교육, 예술 열두 개의 프로그램을 운영한다. 사상구에 십여 곳이 있다.

더불어 건강, 교육, 삶, 심리 등 연계 사업도 하고 있다. 공간과 주민 관리에 중점을 두며, 수시로 주민의 요구를 조사하여 여덟 명 정도 신청자가 있으면 프로그램을 확정한다. 열다섯 명에서 스무 명의 회원을 확보하면 본격적인 수업을 진행한다.

카페 운영으로 수익을 창출하고 수익금은 전액 기부한다. 매년 다섯 번 다문화와 장애인 대상으로 전통혼례 행사를 치른다. 전통혼례복과 한복을 대여하고 상차림 비용을 모두 합쳐도 육십만 원 정도이다. 그동안 전통문화마을 체험지도사 열 명을 배출하였다. 궁중의상 육십 벌과 전통한복을 기부받아 운영하는 체험의 날도 있다. 직원들이 입고 있는 전통문화 유니폼은 자체적으로 개발하여 특허를 받았다.

이곳은 주민을 만나고 사람을 만나는 곳이다. 지역 주민 리더들이 지역의 형평성 있는 발전을 위해 가장 낙후된 도심지에서 오지마을 같은 곳을 선정하였다. 세 곳의 슬레이트집을 매입한 후 한내마을로 조성하였다. 협동조합 형태로 운영한다. 도시 재생과 국토부 지원 공모 사업도 확보했다. 공간을 개선하고 아름다운 거리를 조성한다. 생활 주변 환경을 가꾸는 내용이다.

카페에 들러 망고 주스를 주문한다. 이 카페가 자랑하는 메뉴란다. 노란 생과일 망고 주스가 컵에 담겨 나온다. 과연 명성처럼 색감과 맛이 일품이다. 망고 하나를 통째로 갈아 넣은 것 같다. 음식은 눈으로도 맛을 안다더니 먹는 입 못지않게 보는 눈이 즐겁다.

어디선가 음악 소리가 들린다. 마당에 가득 찬 울림에 어르신들은 장단을 맞춘다. 앞뒤 옆으로 줄을 서는 어르신들 표정이 밝다. 강의실에서 대본 수업을 마치고 무대 공연을 위해 마당으로 나왔다. 댄스 수업을 할 참이다.

음악에 맞춰 노래를 부른다. 무대 위의 배우처럼 자신만만함이 넘친다. 흥에 겨워 춤을 추는 어르신들의 청춘을 만난다. 취재를 위해 방문한 나도 덩달아 신이 난다.

신나게 춤춰 봐 인생은 멋진 거야 우
기억해 넌 정말 최고의 댄싱퀸!!!

뮤지컬 맘마미아, < Dancing Queen >

사상문화원에서 운영하는 어르신 뮤지컬 프로그램이다. 60세 이상 어르신을 대상으로 삼 년째 진행하고 있다. 매년 25주 동안 완주율이 95% 이상이었으나 올해는 85% 예상하고 있다. 프로그램이 끝나고 나면 뮤지컬 동아리로 이끌어 나갈 계획이란다.

이번 뮤지컬의 테마는 '제비, 강남 가다'이다. 고전소설 '흥부전'을 모티브로 한다. 어르신들은 흥부와 놀부의 입장이 되거나 제비의 시선으로 세상을 만난다. 살아온 연륜으로 막힘이 없고 한계도 없는 저마다의 생각을 풀어놓는다.

강사는 프로그램 시작 초반에 많은 이야기를 나누는데 이 과정이 무엇보다 중요하다고 한다. 회원들의 마음이 열리는 시간이며 강좌의 활동 목표이자 지향점이 되기 때문이다. 추억담을 함께 나누며 에피소드를 만드는 과정에서 이미 어르신들은 일심동체다.

다 함께 작품의 주제를 정하고 인물을 설정한다. 한마디 툭툭 던진 말은 대본이 된다. 가사를 만들어 외운다. 의기투합하지 않을 수 없다. 프로그램에 대한 애정이 깊을 수밖에.

인물 설정이 기발하다. 물찬제비, 하고제비, 왼손·오른손제비, 안경제비, 수제비, 키제비, 꼭두제비, 모두 우리 주변에 이는 제비들이라 친근감을 더한다. 웃음이 절로 난다.

처음에는 낯선 문화에 거부감을 보이거나 수줍어서 입을 꾹 다물고 있다. 어떤 계기를 만나면 마음속 이야기를 술술 풀어낸다. 유명 가수의 노래는 아니니 나의 이야기가 음악이 되어 흘러나오니 가슴이 뿌듯할 거다.

강사들은 어르신들과 교감하고 활동하는 일이 즐겁다. 한 분 한 분 세심하게 배려하고 살피느라 조심스럽다. 수업에 참여하는 분들의 연령대가 높은 편이지만 나이의 한계를 의식하지 않고 활기차게 주어진 수업 시간을 채우고, 가실 수 있도록 세심하게 배려한다.

자칫 삶이 무기력하게 느껴질 수 있는 나이다. 하지만 음악이 나오면 어르신들은 청춘의 그때로 돌아간다. 아이처럼, 사춘기 소년처럼, 내가 최고라고 느꼈던 청년의 한때, 선성기의 그때인 듯, 한껏 취하기를 바라는 마음이다.

수업을 마친 후, 회원들이 떠나고 세 분이 늦게까지 남아 담소를 나누고 계셔서 슬쩍 끼어들었다. 김 어르신은 처음 시작할 때는 쑥스럽고 부끄러웠다. 집에서 무료한 나날을 보내다가 예쁘게 치장하고 나와 친구들과 얘기하고 춤추고 노래하니 우울할 틈이 없다. 뭐든지 배워서 재미있게 보내라고 격려하는 남편을 보니 긴 세월 고생한 보상을 톡톡히 받는 기분이란다.

박 어르신은 김 어르신과 친구 사이로 두 분이 똑같은 나들이 가방을 들고 다닌다. 절친 동무와 함께해서 무조건 행복하다. 이 년째에 고비가 있었지만 삼 년 차에 접어드니 뮤지컬의 맛을 알 것 같다. 오랫동안 한국무용과 장고를 배워서 뮤지컬도 금방 적응했다. 모든 예술은 서로 통한다더니 하길 잘했다며 앞으로 꾸준히 참여할 계획이란다.

박 어르신은 뮤지컬팀의 청일점이다. 시작한 계기가 특이하다. 대기업에서 정년퇴임 후 계약직으로 근무할 때였다. 사고를 당해 발목을 다쳐 거동이 편치 않았다. 하루아침에 불편해진 탓에 스트레스와 우울증에 시달리다가 우연한 기회에 한내마을 행복센터를 찾았다.

난타와 장고를 하며 차츰 회복하기 시작했다. 뮤지컬 도전은 모험이었다. 걸음이 불편한 탓에 신체 활동이 많은 뮤지컬이 어울리지 않는다고 여겼다. 다른 사람들에게 방해가 되지 않을까 조심스러웠다. 하지만 따뜻하게 대해 주는 회원들 덕분에 지금까지 오게 되었고 대인관계에서도 자신감을 회복하고 있다.

누구도 소외되지 않고 다 함께 문화를 누리며 행복한 삶을 살 권리가 있다. 보는 것에서 그치지 않고 참여하는 어르신 문화의 모범 사례다. 큰 것 바라는 게 아니다. 누구나 함께 누릴 수 있는 것, 그것만이 전부다. 그래서 인생은 뮤지컬이다.

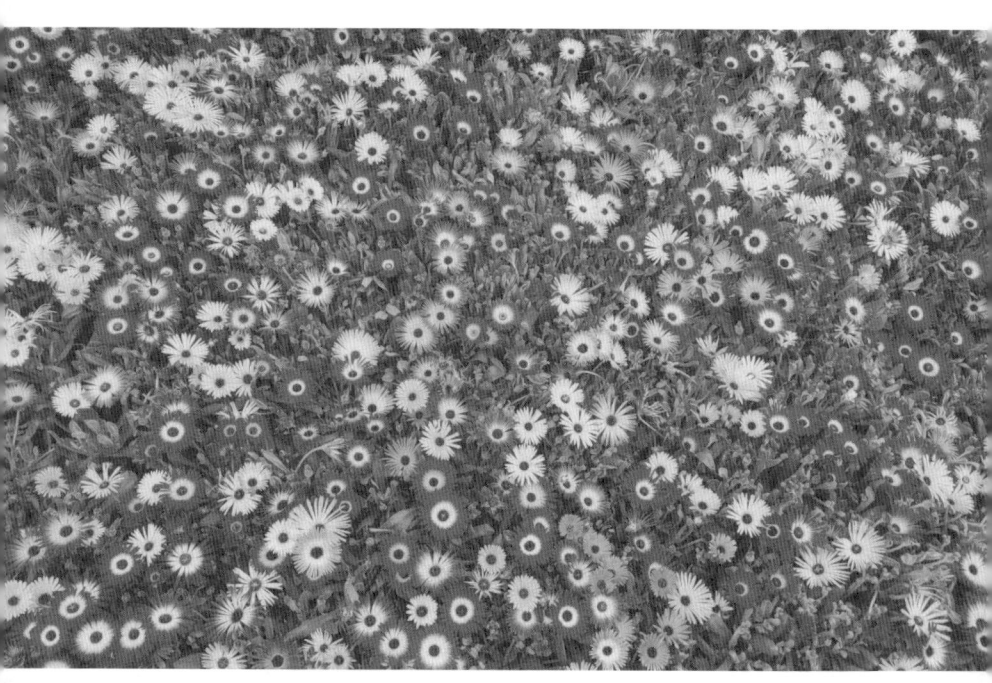

자기 살피기

　세 번째 수필 작품집을 마무리하고 있다. 두 번째 산문집 이후 긴 시간이 흘렀다. 글을 쓰는 일에 대한 얼마간의 회의감과 직업적 환경이 바뀐 것도 한몫했다. 우연히 발견한 물혹을 떼어 내는 수술을 하고 나니 글은 더욱 멀어졌다. 한동안 건강을 돌보며 하루하루 주어지는 일상에 최선을 다하며 지냈다. 일 년 정도 독서를 하며 새벽에 시 형식의 글 한 편 적는 것에 만족했다. 긴 호흡의 글은 엄두를 내기 어려울 만큼 예전과 다른 나를 받아들이는 시간이었다.

　몸이 건강하지 않다고 생각하니 우울감은 깊어졌다. 끈질기게 나를 괴롭혔던 건 지금까지 살아온 내 삶의 방식에 대한 회의감이었다. 모든 것이 잘못된 것 같은 자책이 밀려들었다. 나를 위한 삶을 주체적으로 살아온 것이 아니라 주어진 대로 급급해하며 살아가는 모습이 마땅찮았다. 어디서든 맡은 역할에는 충실하나 나답게 살고 있지 않은 것 같아 서글퍼졌다. 다른 이들을 위하고 챙기고 함께하는 일이 더는 행복하지 않았다.

　세 번째 작품집은 자기 고백에 가까웠던 두 번째 수필집보다 나은 글을 써야겠다 마음먹었다. 하지만 마음과 다르게 하고 싶은 이야기는 뚜렷하게 있었으나 중구난방 갈피를 잡지 못했다. 글로 나오는 건 이전과 별반 차이 없는 그렇고 그런 이야기였다. 작품집에 대한 방향은 도무지 손에 잡히지 않았다. 고민하는 모습마저 거짓 같고 가식적으로 느껴졌다. 내가 하는 모든 일이 하찮고 무의미하게 느껴졌다. 생각은 많아지고 몸은 움직임이 없는 그림자에 드는 시간이 많아졌다.

자기를 살핀다는 것, 자신을 돌아본다는 것과 비슷한 말일 것이다. 자기 안에서 자신의 문제를 인식하는 순간 이미 자기를 넘어서는 초월이 행해진다고 한다. 스스로 나의 문제를 인식했을 때 나만의 문제를 넘어 다른 사람들의 삶으로 시선을 돌린다. 비로소 타자를 자신의 문제 중심으로 끌어들인다. 자기와 타자의 관계 맺음을 통해 자기를 재정립하는 시간을 갖는 셈이다.

퍼내면 퍼낼수록 맑은 물이 고일 줄 알았던 내 안의 우물은 메말랐다. 본능적으로 나를 담금질할 시간임을 눈치챘다. 내가 그림자에 들 때는 밖으로 나를 데리고 나간다. 땀 흘려 일하게 하고 헉헉거리며 산을 오르게 한다. 다양한 책을 찾아 읽는다. 사람들을 만나고 보고 들으며 몸을 움직인다.

A 인문학 교실에서 만난 사람들과 이야기 나누며 그동안 풀리지 않았던 일들과 관계 사이 갈등에 대한 이해의 폭이 서서히 넓어졌다. 사례를 대비하여 분석하는 수업에서 실마리를 찾았다. 하나의 주제나 상황을 두고 한 문장으로 표현하는 시간을 통해 도무지 이해하지 못하던 영역이 있음을 인정하게 되었다. 타인을 나의 잣대로 규정지을 수 없음이다. 나 역시 누군가에게는 이해 불가한 존재이다.

글을 쓰기 시작한 후 해를 거듭하면 작품의 질도 나아질 거라는 자신감이 있었다. 하지만 생각과 다르게 처음 작품집의 글들이 더욱 애정이 간다. 그동안 말하고 싶었던 나와 주변의 이야기를 적었기 때문이다. 두 번째 작품집은 나만의 고백서에 가까운 듯해서 출간 후 내보이기 싫었다. 지인들에게도 보여 주지 않았다. 일정 시간이 흐른 후 자신을 회복하고 나서 비로소 책을 마주할 용기가 생겼다. 몇몇 분들에게 책을 보내기도 했다.

  사람들과 부대낄 때면 도무지 이해되지 않는 영역의 사람들로 인해 상처받았던 적이 있다. 그들은 나의 반대편 좌표에 있는 성격 유형이라는 걸 알았다. 짧은 시간 공부하니 얻은 소득이다. 지금도 더러 그런 사람을 만난다. 그럴 때는 그렇구나, 인정한다. 포용하며 어우러지기까지 아직 갈 길은 멀다. 사람에 대한 탐색은 소설을 쓸 때 유용하다. 인물을 설정하고 행동을 그릴 때 도움이 되었다.

  오래전에 등단한 작가들을 만나면 부끄러워하며 책을 내밀 때가 있다. 의아했었지만 그 심정을 이해하는 데 그리 오래 걸리지 않았다. 선배 작가들은 만날 때마다 예전처럼 글에 몰입되지 않는다고 호소한다. 우린 늙어 가고 크고 작은 지병 한두 가지 있으니 글에 몰입도가 떨어진다. 아이러니는 공부할수록 글에 대한 갈증은 더 심해진다는 거다. 몇 년 전, 건강이 여의치 않아 글에 몰입하지 못했을 때 배움에 좋을 때란 건강이 보장될 때라는 말을 뼈저리게 실감했다.

  어르신들을 대상으로 일을 하는 동안 위로받지 못하고 치유받지 못한 삶들을 만났다. 그분들에게 자신의 길에서 한순간도 빛나지 않았던 적이 없다는 것을 말해 주고 싶었다. 노인복지관에서 홀로 계신 어르신들의 삶을 보고 듣고 느낀 것은 상처를 치유하지 못하고 피해의

식에 사로잡혀 힘든 시간을 보내고 있다는 거였다. 요양병원에서 경험한 일들도 현재를 살아가는 우리들의 현주소라는 사실이었다. 누군가 읽게 된다면 미처 보지 못하고 생각하지 않았던 일들에 대해 진지하게 고민하는 시간을 갖기를 바라는 마음에서 작품집을 구상했다.

세 번째 수필집의 방향이 어렴풋이 그려졌다. 우리 모두의 이야기를 하는 거다. 지금의 나와 너, 우리는 매 순간 자신의 자리에서 최선을 다해 달린다. 서로의 궤도가 맞지 않아 부딪혀 상처를 주고 상처받기도 한다. 관계 맺음에서 오는 충돌이 이야기의 시작이라는 이해에 도달하자 비로소 수필집에 대한 방향을 정할 수 있었다. 앞으로의 삶에 대한 청사진도 또렷하게 그려졌다.

이후의 삶에서 나는 늘 나를 중심에 세운다. 나는 행복한지, 무엇을 원하는지, 내가 바라던 삶의 형태가 맞는지 수시로 들여다본다. 억지를 부리지 않고 미련 두지 않는다. 주저 없이 방향을 바꾼다. 내가 좋아하는 노래를 부르고 좋아하는 음식을 먹고 하고 싶은 일을 한다. 해야 할 말은 요령 있게 전하고, 내 마음을 표현하는 일에도 용기를 낸다. 조급하지 않고 서두르지 않는다. 내가 갈 길은 또렷하고 아주 긴 여정이기 때문이다.

타성에 젖은 삶의 궤도를 달리하여 구태의연하던 인식에서 벗어나기 위해 노력한다. 한 번도 가 보지 않은 낯선 길에 들어서서 만나는 모든 것이 새롭고 신비롭다. 놀람, 초조, 불안, 깨달음을 동반한 경이로움이다. 경이로움은 철학뿐만 아니라 모든 학문과 인생에서 훌륭한 학습 도구라고 말한다. 사물에 대한 고정된 태도가 무너지고, 진리를 추구하는 지식이 한계를 맞닥뜨렸을 때 새로운 세계는 창조된다고 한다.

가 보지 않은 길을 섰었고 만나지 못했던 이들을 만나며 나의 세계는 경계를 넘어 타자의 삶으로 녹아들었다. 내 안의 경계와 계산 잣대를 버릴 때 자신을 인정하고 치유할 수 있었다. 나와 한 몸이었던 편견도 독선도 아집도 서서히 꼬리를 감추었다.

지난 몇 년간 자기 살피기를 통한 자아 성찰의 시간을 보내고 나니 하고 싶었던 이야기들이 솟아올랐다. 억지로 퍼내지 않아도 저절로 넘쳐 나 마르지 않는 우물처럼 흘러나왔다. 우물이 노래하는 대로 옮기다 보니 두 권 분량이 넘었다. 나만의 이야기를 넘어선 우리들의 이야기다.

세 번째 수필집이 세상에 나오면 나는 또 샘물이 말랐다며 호들갑을 떨지도 모른다. 이곳저곳으로 나를 끌고 다니며 더 넓은 바다로 나아갈 수도 있겠다.